Gerd Frank

Wahre Kriminalfälle

aus Hamburg, Bremen und Niedersachsen

SUTTON

Sutton Verlag GmbH
Arnstädter Straße 8
99096 Erfurt
www.suttonverlag.de

Gestaltung und Satz: Sutton Verlag
ISBN: 978-3-96303-146-5
Druck: CPI books GmbH, Leck

INHALT

Vorwort 9

I. Kriminalfälle im Raum Bremen 13

1. „Der Engel von Bremen“ 14
Der Fall „Gesche“ Gesine Gottfried (1813–1827)

2. „Der Maskenmann“ 44
Der Fall Martin N. (1992–2001)

3. „Der Außenseiter“ 55
Der Fall Marc H. (2004)

II. Kriminalfälle im Raum Hamburg 61

1. „Raubmord in der Eisenbahn“ 62
Der Fall Thomas Rücker (1906)

2. „Der Blaubart von Hamburg“ 70
Der Fall Fritz Honka (1970–1975)

3. „Der Heidemörder“ 77
Der Fall Thomas H. (1987–1989)

4. „Der St.-Pauli-Killer“ 81
Der Fall Werner Pinzner (1984–1986)

5. „Der Säurefassmörder" 85
Der Fall Lutz R. (1986–1988)

6. „Der sadistische Biedermann" 90
Der Fall Hans-Jürgen Sch. (1969–1984)

III. Kriminalfälle im Raum Niedersachsen 95

1. „Der Schlächter von der Leine" 96
Der Fall Fritz Haarmann (1918–1924)

2. „Mord nach Erprobung" 109
Der Fall Erich Siewert (1961)

3. „Ein Raubmörder und sein Lockvogel" 122
Der Fall Gerhard Popp/Inge Marchlowitz (1956–1957)

4. „Die Schwarze Witwe von Bodenfelde" 139
Der Fall Lydia L./Siegmund Sch. (1994–2000)

5. „Der Waldmensch" 144
Der Fall Bruno Fabeyer (1966)

Quellen und Literatur (Auswahl) 151

„Die interessantesten
und erregendsten Kriminalfälle
schreibt immer das Leben selbst!
Keine Phantasie eines Schriftstellers
kann sich so seltsame
und sensationelle Kriminalfälle
ausdenken wie die,
die in den Akten stehen ...“

Mordexperte Kriminalrat Ernst Gennat, Berlin

VORWORT

Gewaltdarstellungen in den Medien erfreuen sich seit jeher großer Beliebtheit. Je spektakulärer ein Verbrechen wirkt und je direkter es mit sexueller Gewalt verknüpft ist, desto größer ist die Wahrscheinlichkeit, dass es von den Medien ausgeschlachtet wird. Zu diesem Schluss kam die Hochschule Macromedia in Hamburg und Berlin in Zusammenarbeit mit dem Kriminologischen Forschungsinstitut Niedersachsen. Wenn es sich bei dem Opfer dann auch noch um eine junge Frau handelt, ist die Sensation perfekt.

Journalisten versuchen mithilfe solcher Berichte, starke Emotionen wie Mitgefühl mit dem Opfer oder Angst vor Gewalt zu schüren, um ihre Auflagen und Einschaltquoten in die Höhe zu treiben. Wer die blutigste Story bringt, sichert sich so satte Erträge und kann die Konkurrenz hinter sich lassen. Doch eine derartige mediale Effekthascherei verzerrt auch unsere Weltsicht, denn sie vermittelt ein völlig anderes Bild von Verbrechen, als es Polizeistatistiken tun. Durch eine Fokussierung auf den reinen Gruselfaktor wird die Vorstellung geprägt, unsere Welt sei beängstigend und bedrohlich. Dies verstärkt wiederum ein Bedürfnis nach harter Bestrafung der Täter, was auch die Politik massiv unter Druck setzt. Denn von ihr wird nun erwartet, mit Strafverschärfungen nicht auf reale Tendenzen der Kriminalität, sondern auf rein subjektive Annahmen zu reagieren.

Die in diesem Buch zusammengetragenen Kriminalfälle aus dem Raum Hamburg, Bremen und Niedersachsen haben bis auf wenige Ausnahmen gemeinsam, dass es sich um

Taten von sogenannten Serienmördern handelt – einer wurde eher zufällig zum Mörder. Es sind grauenvolle Beispiele menschlicher Abgründigkeit und des Sadismus, ausgelebt von den unterschiedlichsten Menschen, die ihren hauptsächlich sexuell-perversen Neigungen frönten. Dabei könnten die Fälle nicht unterschiedlicher sein, wenngleich sie sich auch ähneln.

In *„Der Engel von Bremen"* wird von der Giftmörderin Gesine („Gesche") Margarethe Gottsched berichtet, die auf skrupellose Weise im Verlauf von 14 Jahren insgesamt 15 Menschen (unter ihnen auch engste Verwandte) umgebracht hat. Ihre Motive dürften zum Teil sexueller Natur gewesen sein – überwiegend handelte sie jedoch aus Habgier. An dieser Frau wurde die letzte öffentliche Hinrichtung in Bremen vollzogen. *„Der Maskenmann"* Martin N., der als Pädagoge tätig war, hat mindestens drei – vermutlich aber mehr – Kinder ermordet und außerdem mehr als 40 Sexualdelikte begangen. Einige seiner Taten verübte er auch in Zeltlagern und in Privathäusern. *„Der Außenseiter"* Marc H., der trotz seiner beiden Kindermorde von Experten als „nicht psychisch krank" und demnach „voll schuldfähig" eingestuft wurde, war möglicherweise auch für weitere bis heute ungeklärte Sexualstraftaten und Morde verantwortlich. Nach der Ansicht der Kriminalpolizei stellt dieser Täter, der sowohl Mädchen als auch Jungen als Opfer wählte, eine „kriminalistische Besonderheit" dar.

„Raubmord in der Eisenbahn" schildert die unbegreifliche Tat des 17-jährigen Thomas Rücker, der in Hamburg einen ihm völlig unbekannten Reisenden mit einem Beil ermordete, um an dessen Geld und Wertsachen zu kommen. Dabei stammte er aus vermögendem Hause: Sein Vater war Architekt und

hätte ihm wohl keinesfalls Unterstützung verweigert. *„Der Blaubart von Hamburg“* ist die Geschichte Fritz Honkas, der vier Frauen, die als Prostituierte gearbeitet hatten, auf grausame Weise umgebracht hat. Die Psychologen bescheinigten ihm extreme Abhängigkeit von Alkohol, ein starkes Bedürfnis, sexuelle Machtfantasien auszuüben, sowie einen überaus großen Hass auf Frauen. *„Der Heidemörder“* Thomas H. hat im Raum Hamburg drei Frauen vergewaltigt, gequält und anschließend ermordet. Ein psychiatrisches Gutachten stufte ihn als „untherapierbar bei extremer Rückfallwahrscheinlichkeit“ ein. *„Der St.-Pauli-Killer“* Werner Pinzner dürfte der erste deutsche Auftragskiller nach italienischem Vorbild gewesen sein. Er erschoss 14 Menschen – einschließlich sich selbst. Sein Fall hatte politische Konsequenzen in der Hansestadt Hamburg und gilt als einer der spektakulärsten Fälle der Kriminalgeschichte Deutschlands überhaupt. *„Der Säurefassmörder“* Lutz R. hat zwei Frauen auf sadistische Weise ermordet, könnte aber auch für mehr Morde verantwortlich gewesen sein. Sexuelle Motive, vor allem aber Habgier und das Bestreben, Straftaten zu vertuschen, dürften seine Beweggründe gewesen sein. *„Der sadistische Biedermann“* Hans-Jürgen Sch. hat fünf Frauen ermordet. Danach führte er 27 Jahre lang ein völlig unauffälliges Leben – erst dann konnte er über Genspuren ermittelt und gefasst werden. Eine vernünftige Erklärung für seine unfassbaren Taten konnte nicht gefunden werden.

„Der Schlächter von der Leine“ Friedrich Haarmann, den man auch als „Werwolf von Hannover“ bezeichnet hat, erlangte in den 1920er-Jahren schaurige Berühmtheit, als er mindestens 27 Jungen und junge Männer ermordete. Diese Morde dürften

hinsichtlich der Aufmerksamkeit, die ihnen geschenkt wurde, typisch gewesen sein für ihre Zeit: Tatsächlich wollte Haarmann „berühmt“ werden. Er wünschte sich, dass seine Hinrichtung gefilmt werde, ins Kino komme und weltweit verbreitet werde. Gleichzeitig blieben aber Teile seiner Vita im Dunkeln. Der Mann war kein unbeschriebenes Blatt, sondern der Polizei und auch seinem Umfeld schon lange als Sexualtäter bekannt. In *„Mord nach Erprobung“* wird der Fall des Erwin Siewert dargestellt, der seine schwangere Freundin auf besonders perfide und rohe Weise nach „Erprobung“ ermordete, um sich so den zu erwartenden Unterhaltszahlungen zu entziehen. In *„Ein Raubmörder und sein Lockvogel“* wird der Fall des Schwerverbrechers Gerhard Popp geschildert, der im Raum Hannover sein Unwesen trieb. Das bildhübsche 16-jährige Mädchen Inge Marchlowitz hatte ihm seine männlichen Opfer zugeführt, die er stets nach dem gleichen Muster ermordete, um sie anschließend zu berauben. *„Die Schwarze Witwe von Bodenfelde“*, Lydia L., wurde bekannt, weil sie mit der Hilfe von Siegmund Sch. mindestens vier Morde aus Habgier begangen hat. Sie machte sich immer nur an alte Männer heran, „denn die hatten Geld“. *„Der Waldmensch“* Bruno Fabeyer war kein Serienmörder, sondern ein notorischer Dieb und Einbrecher, der eigentlich nur durch Zufall zum Mörder geworden war. Er führte die Kripo ein volles Jahr lang an der Nase herum und setzte damit die teuerste Fahndung der Bundesrepublik in Bewegung, bis er schließlich doch gefasst werden konnte.

Die dargestellten Fälle zeigen, dass die menschliche Natur in Extremfällen zu einer Grausamkeit fähig ist, die die Grenzen des Vorstellbaren sprengt …

I.

Kriminalfälle im Raum Bremen

1.

„Der Engel von Bremen“

Der Fall „Gesche“ Gesine Gottfried (1813–1827)

Im Juli des Jahres 1826 erwarb der junge Radmachermeister Johann Christoph Rumpff in der Pelzerstraße 37 in Bremen ein Wohnhaus, von dessen Kauf man ihm allseits abgeraten hatte. Es hieß nämlich, dass bisher alle männlichen Bewohner dieses Gebäudes auf unheimliche Weise gestorben seien. Rumpff kaufte das Haus dennoch und behielt „Madame Gottfried“, wie man sie nannte, sogar als Mieterin. Darüber hinaus sicherte er ihr den Mietertrag zweier Nebenhäuser vertraglich zu.

Bereits in den ersten Wochen nach dem Einzug schien sich ein recht freundschaftliches Verhältnis zwischen der jungen Familie des Käufers und der früheren Besitzerin zu entwickeln. „Madame Gottfried“ war offenbar bereit, der hochschwangeren Frau Rumpff tüchtig zur Hand zu gehen. Aber es dauerte kaum acht Wochen, da starb die Gattin des Handwerksmeisters im Wochenbett. Hatte sie noch die Entbindung glücklich überstanden, so stellten sich dann mit einem Mal heftiges Erbrechen und Durchfall ein, was zu ihrem schnellen Tod führte.

Besorgter und liebevoller als „Madame Gottfried“, von Freunden zärtlich „Gesche“ gerufen, konnte sich niemand zeigen. Bis zuletzt war sie nicht vom Krankenlager der unglücklichen Frau Rumpff gewichen und die Sterbende sah schließlich nur noch darin einen Trost, dass sie eine zuverlässige Pflegerin für ihr Neugeborenes und ihren armen Mann zurücklassen konnte. So bat sie sie flehentlich, für beide ebenso zu sorgen wie für sie selbst. „Madame Gottfried“ ließ sich überreden: Sie pflegte das Kind, besorgte Wirtschaft und Küche und heiterte durch ihren Humor und religiösen Zuspruch den tiefbetrübten Mann sogar wieder etwas auf. Schließlich nannte man sie nur noch „Tante Gottfried“ und zählte sie in gewisser Weise zur Familie.

Aber das Unheil – vor dem die Freunde gewarnt hatten – war nicht mehr aufzuhalten. In rascher Folge erkrankten, ebenfalls an Durchfall und Erbrechen, die für den Säugling in Dienst genommene Amme und das Hausmädchen. Bald darauf erbrachen sich auch Gesellen und Lehrlinge; Meister Rumpff erwischte es gleichfalls. Mochte er essen, was er wollte – er vertrug es nicht.

Er vermutete eine „Erkältung des Magens“ und versuchte, sein Leiden mit dem häufigen Genuss von Milch zu lindern. Erst nach mehreren qualvollen Monaten zog er endlich einen Arzt zurate.

Zwischen Ostern und Pfingsten des Jahres 1827 trug es sich zu, dass er auf einem von dem Hausmädchen für ihn zubereiteten Salat etwas Weißes, Zuckerähnliches bemerkte. Da er Süßes nicht mochte, schalt er sie und ließ den Salat kurzerhand wegwerfen. Ebenso fand er kurze Zeit danach, als er gerade besonders heftig an Übelkeit litt, im Bodensatz einer Schale Bouillon einen dicken weißen und körnigen Stoff, der ihm nicht ganz geheuer vorkam.

Am 4. März 1828 ließ der Meister für seinen Haushalt ein Schwein schlachten. Der Fleischer brachte ihm ein ausgesuchtes Stück, von dem Rumpff sofort einen Teil verzehrte, den Rest aber eigenhändig in seinem Schrank verwahrte.

Anderntags, als er sich eben an dem übrig gebliebenen Fleisch bedienen wollte, weil ihm der Genuss wider Erwarten sehr wohl bekommen war, machte er eine seltsame Entdeckung: Der Speck lag anders da, als er ihn am gestrigen Tag zurückgelassen hatte. Statt dass die Schwarte nach unten gekehrt war, war sie jetzt nach oben gewandt. Das befremdete ihn, er wurde misstrauisch, betrachtete den Speck näher und entdeckte zu seinem Erstaunen daran ganz ähnliche weißliche Körner wie zuvor in dem Salat und der Bouillon. Die Erklärung der deshalb herbeigerufenen und befragten „Tante Gottfried“, dass dieses Weiße nichts anderes als Fett sei, beruhigte ihn nicht. Heimlich teilte er den Vorfall seinem Hausarzt mit, der die verdächtige Substanz sofort durch einen fähigen Chemiker untersuchen ließ. Man fand darin eine nicht unerhebliche Menge Arsenik und erstattete nun – am 6. März 1828 – beim Kriminalgericht Anzeige.

Noch am gleichen Morgen ergaben sich aufgrund von Zeugenvernehmungen schwere Verdachtsmomente gegen „Madame Gottfried“. Um zwei Uhr nachmittags verschaffte sich das Gericht daher Zutritt in ihre Wohnung und stellte sie, nach einem ersten – sie noch verdächtiger machenden – Verhör, bis zum Eintritt abendlicher Dunkelheit unter Aufsicht des Polizeikommissars. Dann ließ man sie, um größeres Aufsehen zu vermeiden, in einer Kutsche zur Verhaftung aufs Stadthaus bringen.

Dort versuchte „Madame Gottfried“ anfangs zu leugnen; aber ihr deprimiertes Wesen verriet Schuldgefühle. Mit Erstaunen und Entsetzen zogen die Wärterinnen der stattlich aussehenden Gefangenen, als sie ihr vorschriftsgemäß die Kleider wechselten, dreizehn Korsetts, eines über dem anderen, aus. Ihre roten Wangen waren Schminke und nachdem alle Toilettenkünste entfernt waren, enthüllte sich den erschrockenen Frauen ein blasses, angstvoll verzerrtes Gerippe. Mit ihrem äußeren Scheinbild verschwand gleichzeitig das moralische Trugbild, das sie seit mehr als zwanzig Jahren vor den Menschen zur Schau getragen hatte. „Madame Gottfried" brach zusammen und gestand, weil sie gestehen musste: Sie hatte einfach nicht mehr die Kraft, ihre bisherigen – ungeheuren – Lügen aufrechtzuerhalten.

Das Bekenntnis erfolgte nicht mit einem Male, sondern erstreckte sich über einen Zeitraum von etwa drei Jahren und auch dabei handelte es sich wiederum größtenteils um Lügen. Keine davon hätte sie vor ihrem Tod retten können. Es waren vielmehr kleinliche Versuche, die Wahrheit zu verdrehen, um auf diese Weise Mitleid und Interesse zu erregen.

Bereits nach den ersten Verhören hatte Gesine Gottfried genug gestanden, um ihr Leben zehnfach verwirkt zu haben. Die Untersuchung wurde deshalb nicht mit der Eile geführt, die bei anderen Verbrechern nötig ist, um Spuren zu verfolgen, die verloren gehen könnten. Rechtsgelehrte, Theologen, Mediziner – sie alle experimentierten an dieser „Rarität" und hegten ihr „Anschauungsobjekt".

Wie hatte aus dieser Frau ein derartiges Scheusal werden können? Dr. Voget, ihrem Verteidiger, blieb es vorbehalten, diesem rätselhaften Wesen weiter nachzugehen. So wenig es ihm gelang, sie vor dem weltlichen Richtstuhl zu verteidigen, desto erfolgreicher war er in seinem Bemühen, ihr tiefstes Inneres zu ergründen. Mehrere Abhandlungen entstanden, in denen die „Lebensgeschichte der Giftmörderin Gesche Margarethe Gottfried, geborene Timm" erzählt wurde – zum Teil auf ausdrücklichen Wunsch derselben.

Was Dr. Voget erfuhr, war schrecklich – bis zu diesem Zeitpunkt gab es wohl keinen anderen Kriminalfall in Deutschland, der annähernd so grauenhaft gewesen wäre. Im Laufe der Zeit entstand ein aufschlussreiches, genaues Lebensbild. Die entsetzliche Verbrechensserie hatte immer dieselbe Kulisse gehabt.

Etwa um die Mitte des 18. Jahrhunderts lebte in der Pelzerstraße in Bremen die Familie des fleißigen und ehrbaren Damenschneiders Johann Timm. Zu eigentlichem Wohlstand brachte er es zwar nie, aber er konnte es doch auf seinen guten Ruf hin wagen, das Haus, in welchem er später starb, anzukaufen. Dabei musste so viel von seinem Verdienst übrig bleiben, dass die Armen jede Woche ihren Teil erhielten, denn Timm und seine Ehefrau wollten jedem biblischen Gebot folgen. Meister Timm war fröhlich, besuchte regelmäßig die Kirche und galt als besonders fromm und gottesfürchtig.

Am 6. März 1785 gebar Timms junge Frau Zwillinge: einen Sohn und eine Tochter. Bei diesen Kindern blieb es. Der Sohn Johann Christoph machte ihnen später wenig Freude: Auf der Wanderschaft geriet er in schlechte Gesellschaft, erkrankte, kostete die Eltern viel Geld und ließ sich schließlich als Husar unter Napoleon anwerben, bis er nach langen Jahren als Krüppel wieder in seiner Heimatstadt erschien.

Das Mädchen, „Gesche“ Gesine Margarethe, entwickelte sich indessen bald zum ganzen Stolz der Eltern. Anmutig und leicht in den Bewegungen, von nettem Benehmen, mit einem freundlichen, hübschen, offenen Gesicht galt „Gesche“ als Vorzeigekind. Sie war überall gern gesehen und wurde von den Erwachsenen liebkost.

Schon mit drei Jahren musste die Kleine die Schule besuchen. Ihre Schulfreundinnen bekamen Taschengeld von den Eltern und benutzten es zum Kauf von Naschereien. „Gesches" Taschen waren stets leer: Ohne die größte Not gaben die Eltern nichts – da half sie sich selbst. Wurde sie von der Mutter geschickt, Weißbrot zu besorgen, so versteckte sie unter den größeren Wecken auch einige kleinere und sparte dadurch manchen Groschen für andere Zwecke. Das war der erste Schritt – „Gesche" war damals etwa sieben Jahre alt.

Der Betrug wurde nicht entdeckt. Das war eine Aufmunterung zur Wiederholung. Glücklich darüber, dass es nie herauskam, ging sie nun zu eigentlichen Diebereien über. Sie entnahm der unverschlossenen Börse der Mutter Geldstücke und auch dieser Verlust blieb zunächst unbemerkt. Dann aber, als sich die Vorfälle häuften, verdächtigten die Eltern „Gesches" Bruder und der „Engel von Tochter" – wie die Eltern sie nannten – schwieg dazu.

Vier Jahre setzte „Gesche" diese Diebereien fort, ohne dass der geringste Verdacht auf sie gefallen wäre. Mit elf Jahren vergriff sie sich erstmals an wirklich fremdem Eigentum und entwendete einer alten Frau, die bei den Timms zur Miete wohnte, eine bedeutendere Summe als jemals zuvor – etwa im Betrag von einem Taler. Der Diebstahl wurde entdeckt, die Täterin nicht. Das Haus geriet in Aufruhr. Alles wurde vergebens durchsucht. Der Vater schloss erneut auf seinen Sohn. Die Mutter schien jedoch die Tochter zu verdächtigen, scheute aber davor zurück, es ihr ins Gesicht zu sagen – wohl um sie nicht zu verletzen.

Mit zwölf Jahren hatte „Gesche" nach Ansicht ihrer Eltern genug gelernt. Sie nahmen sie aus der Schule und ließen sie im Haus anstelle der entlassenen Dienstmagd alle nötigen Arbeiten verrichten, gleichzeitig aber auch für den Vater nähen und an Wochentagen außer Haus arbeiten. Das Erworbene wurde ihr dann in die Sparbüchse gelegt. Der Antrieb nach fremdem Gut fiel also weg. Dagegen erhob sie ihr Fleiß bei der Arbeit in den Augen der Eltern zum Musterkind, und ihre Fortschritte im Rechnen machten sie dem Vater bei seinen Kassenabschlüssen bald unentbehrlich. Die Tochter schien tatsächlich vollkommen: Sie zeigte sich ordnungsliebend und ehrbar, war genügsam und erfreut über das Kleinste, was man ihr schenkte, sprach alle Gebete, welche die Mutter sie gelehrt hatte und verteilte die Almosen der Eltern.

In einem Nachbarhaus lernte sie tanzen; sonntags spielte sie bei Laienspielgruppen in Komödien mit. Gern hätte „Gesche“ Musikunterricht genommen und das Klavierspielen gelernt – das aber konnten und wollten sich die Eltern nicht leisten. Sie entschlossen sich jedoch, ihr Französischunterricht erteilen zu lassen. „Gesche“ sollte den Töchtern gleichen Standes wenigstens etwas voraushaben.

Bei einer sogenannten Korporalsmahlzeit lernte das hübsche 16-jährige Mädchen den jungen Miltenberg, einen Nachbarn, kennen, der von diesem Augenblick an jede erdenkliche Gelegenheit nutzte, sich Gesine zu nähern. Erst seit Kurzem Witwer, hatte er keinen Grund, darüber besonders traurig zu sein: Wollüstig, dem Trunk ergeben, jähzornig und widerwärtig hatte ihm seine Frau das Leben rasch unerträglich gemacht. Weil er faul und liederlich wurde und schließlich nur noch in Weinstuben und bei Dirnen verkehrte, geriet er mit seinem Vater, der ein geschätzter und seriöser Geschäftsmann war, immer häufiger in Streit. Schließlich soll der Alte dem Jungen erklärt haben, dass das einzige, was ihn wieder mit ihm aussöhnen könne, eine anständige Heirat sei. So beschloss er, es ein zweites Mal mit der Ehe zu versuchen – und zwar mit Timms wohlgeratener Tochter.

Dort hatte man gegen den vermögenden Bewerber nichts einzuwenden und so wurde am 6. März 1806 Hochzeit gefeiert, obwohl es an mahnenden Stimmen nicht gefehlt haben soll. Die Ehe stand tatsächlich unter keinem guten Stern: Miltenberg war zwar bemüht, seine schöne junge Frau auf Händen zu tragen, sah sich jedoch nicht imstande, seinem früheren Lebenswandel ganz zu entsagen. Prächtige Kleider, Damenhüte, alle möglichen rauschenden Vergnügungen bot er ihr – doch all das konnte die fehlende Zuwendung und Liebe nicht ersetzen. Ganz sicher fiel dies auch Gesines Eltern auf und so versuchten sie, ihrer „Miltenbergin“, wie sie die Tochter seither nannten, zu helfen, indem sie sie möglichst oft zu den Korporalsmahlzeiten begleiteten.

Irgendwann lernte der junge Miltenberg einen lebensfrohen Weinreisenden namens Gottfried kennen, den er seiner Frau vorstellte und kurz darauf auch zu einer Tanzveranstaltung mitbrachte. Dass sich der neue Bekannte über das Schickliche hinaus um seine Gattin bemühte (er war Gesines alleiniger Tänzer während des ganzen Abends), störte Miltenberg keineswegs; im Gegenteil, es schien ihn eher zu amüsieren. So gingen die drei auch die nächsten Abende zu solchen Veranstaltungen. Der Verlauf war stets der Gleiche: Gesines Mann ergab sich dem Wein und Gottfried flirtete mit seiner Frau.

Die Bedenken der Timms, ihre Tochter könne wegen des Kontakts zu Gottfried ins Gerede kommen, wurden stets zerstreut. Vollends beseitigt waren sie aber erst, als Gesine im September 1807 ein gesundes Mädchen zur Welt brachte. Die Ehe der beiden jungen Leute konnte also nicht wirklich gefährdet sein. Gottfried selbst hielt sich indes vorläufig zurück. Stattdessen lernte Miltenberg einen weiteren Kaufmann kennen, mit dem er seine Frau bekannt machte: Kassow hatte einen ansehnlichen Schmerbauch, wohl weil er gutem Essen und Trinken zugetan war. Der verheiratete Mann schien außerehelichen Abenteuern nicht abgeneigt zu sein. Gesine machte ihm unverhohlen Avancen, doch zunächst kam es nicht zum Ehebruch, denn eine zweite Niederkunft – diesmal eine Fehlgeburt – kam dazwischen.

Um diese Zeit beschloss die „Miltenbergin“, sich entsprechend auszustaffieren, um über ihre Magerkeit hinwegzutäuschen. So zog sie Korsett über Korsett, bis sie eine recht ansehnliche Körperfülle erreichte. Die Beziehung zu Kassow wurde intim, erfuhr jedoch eine neuerliche Unterbrechung, als der Kaufmann eine längere Geschäftsreise nach Berlin antreten musste. Dafür tauchte etwa zur selben Zeit Gottfried wieder auf, der gleichfalls geschäftlich unterwegs gewesen war.

Inzwischen hatte der alte Miltenberg sein Haus dem Sohn überschrieben. Dieser vermietete die Zimmer an einzelne Herren weiter; ein Umstand, der ganz sicher zu der verhängnisvollen Entwicklung seiner – ihm nun schon seit Längerem untreuen – Frau beitrug. Der Zufall wollte es, dass Gottfried eine neue Wohnung brauchte – so nahm Miltenberg ihn kurzerhand bei sich auf. Er gab ihm die Vorderstube, welche bis dahin seine Frau bewohnt hatte – natürlich mit deren vollem Einverständnis. Gottfried zog ein, hatte jedoch nicht vor, sich mit Miltenbergs Frau einzulassen, denn ihre Beziehung zu Kassow war ihm bekannt. Es schmeichelte ihm lediglich, die Aufmerksamkeit der schönen jungen Frau erregt zu haben. Zudem glaubte er, hier billig versorgt zu werden und ein angenehmes Leben führen zu können. So fühlte er sich ziemlich schnell der Familie zugehörig, aß am gleichen Tisch und gab den Besuch der Klubs und Wirtshäuser auf. Indem er Miltenbergs Frau Serenaden widmete, ihr Blumenbrett schmückte oder den kleinen Garten bestellte, versuchte er, sich zu revanchieren.

Da kehrte Kassow aus Berlin zurück, machte der Geliebten ein Geldgeschenk und forderte seine alten „Rechte“, welche sie ihm aus Lasterhaftigkeit oder Furcht nicht versagte. Gesine kam es dabei vor allem darauf an, dass Gottfried nichts von ihrer Vertraulichkeit mit Kassow erfuhr. Ebenso wenig sollte Kassow etwas von ihrem Verhältnis zu Gottfried bemerken.

Sie fuhr indes fort, ihren Mann aufs Schlimmste zu verleumden. Dass er arbeitsscheu war und sein Vermögen vergeudete, war inzwischen bekannt. Auch seine Besäufnisse, sein Hang zum Glücksspiel und seine Liederlichkeit hatten sich herumgesprochen. Gesine erfand noch hinzu, dass er sie aufs Grausamste misshandle, wenn sie nicht stets für die feinste Tafel sorge – ohne ihr jedoch die dazu notwendigen finanziellen Mittel zur Verfügung zu stellen. Um seiner Brutalität zu entfliehen, habe sie bereits mehrmals eine ganze Nacht außer Haus verbringen müssen. Fest entschlossen, still und gelassen alles zu ertragen, beschwor sie jedoch ihre Eltern, ebenfalls zu schweigen.

So schien die Ehebrecherin und Betrügerin geradezu eine Märtyrerin zu sein – und profitierte bald vom Mitleid ihrer Mitmenschen. Eltern und Liebhaber beschenkten sie, und während sie selbst Wirtschaftsstücke heimlich verkaufte, klagte sie ihren Mann deshalb an. Dieser war ihr, so lasterhaft er auch sein mochte, gerade zu jener Zeit ein durchaus liebevoller und gefälliger Gatte.

Gesine brauchte Geld, da die finanzielle Situation ihres Mannes immer schwieriger wurde. Sie benötigte Kapital für teure Kleidung und zur Befriedigung ihrer eitlen Wünsche. Hinzu kam ihre Großzügigkeit im Geschenkemachen und Almosengeben. Ihre Dienstboten kannten keine leutseligere, freigebigere Herrin. Sie verhielt sich so, um sich Freunde und einen guten Ruf zu verschaffen, vielleicht aber auch zur Beschwichtigung ihres Gewissens. Später wurde dies ein bewusstes Prinzip.

Im Jahr 1810 wurde der kleine Heinrich geboren. Man munkelte, dass Kassow der Vater sei. Gesine erholte sich rasch und brauchte erneut Geld. Von der Verleumdung ihres Mannes bis zu dessen Beraubung war es nur ein kleiner Schritt. Sie ließ den Schlosser unter einem Vorwand den Schreibtisch ihres Gatten öffnen und entwendete zehn Taler. Die nicht entdeckte Tat lockte zur Wiederholung. Miltenbergs Kasse war nur bescheiden, sie wusste jedoch, dass einer ihrer Mieter viel Geld im Haus aufbewahrte. Mit einem kleinen Schlüssel öffnete sie seinen Schreibtisch und hielt zu ihrem eigenen Schrecken einen Beutel mit neunzig Talern in den Händen. Diese stattliche Summe schien der Gelegenheitsdiebin zu hoch zu sein. Sie hätte wohl die Hälfte zurückgelegt, fürchtete aber, der Schlüssel könnte brechen. Während der allgemeinen Aufregung, die der Entdeckung des Diebstahls folgte, bewahrte Gesine jedoch ihre Gelassenheit und Verstellungskunst.

Doch sie brauchte immer neues Geld. So lieh sie sich im Jahr 1812 von einem Bekannten eine Summe – vorgeblich um ihren armen Bruder in der Fremde zu unterstützen. Der Betrag wurde von ihr vergeudet, und als sie ihn zurückzahlen sollte, musste ihr Mann dafür aufkommen – der ihr jedoch großmütig verzieh. Hiernach bog sie einen Dietrich zurecht und öffnete den Sekretär ihres Geliebten Gottfried und entnahm diesem etwa zwanzig Taler. Gottfried geriet in helle Aufregung – die „Miltenbergin" aber war am aufgebrachtesten: Sie wollte nicht ruhen, bis der schändliche Dieb entdeckt wäre, und ließ den Verdacht auf einen Lehrling und eine Hausangestellte fallen. Die nachfolgende Untersuchung, bei der sich die Beschuldigten heftige gegenseitige Vorwürfe machten, führte dazu, dass auch über die eigentliche Verbrecherin wenig schmeichelhafte Einzelheiten an die Öffentlichkeit gerieten – darunter ihr Verhältnis zu Kassow. Der Vorfall diente ihr zur neuerlichen Warnung, auch bei ihren Seitensprüngen noch vorsichtiger zu sein.

Im Oktober 1812 hatte sie ein Kind geboren, welches bald darauf starb. Im Januar 1814 kam wieder eine Tochter zur Welt, deren Züge, je mehr sie sich ausprägten, auf Gottfried als den Vater schließen ließen. Inzwischen hatte sich, nachdem sich Kassow mehr und mehr zurückgezogen hatte, ihre Leidenschaft für Gottfried noch gesteigert. Miltenberg, infolge seiner Ausschweifungen von einer Geschlechtskrankheit geplagt, wankte nur noch als siecher Schatten umher. Um seinen hinkenden Gang zu rechtfertigen, hatte man vorgegeben, es sei ihm ein schwerer Kutschkasten auf den Leib gefallen. Ihr Ehemann war das einzige Hindernis zu dem heiß ersehnten Glück, das sich Gesine von einer Partnerschaft mit Gottfried erhoffte. So fing die „Miltenbergin" an, ihren Gatten zu hassen. Abermals verklagte und verleumdete sie ihn bei ihren Eltern, bis diese sie zutiefst bedauerten und sich als alleinige Urheber ihres namenlosen Unglücks sahen. Des Öfteren verhehlten sie wohl auch nicht, dass sein Tod für ihn selbst wie für die Seinen eine Erlösung sein würde.

Schließlich drang der alte Timm darauf, dass seine Tochter eine vom Mann getrennte Schlafstelle einnahm. Außerdem sann er darüber nach, wie es zu verhindern wäre, dass

Miltenberg neue Schulden machte und auf sein Haus eintragen ließ. Gesines Mann ließ alles willenlos mit sich geschehen. Eben als man daran gehen wollte, mit dem alten Miltenberg eine entsprechende Vereinbarung zu treffen, starb dieser am 2. Januar 1813.

Es war ein natürliches Ableben – aber Gesine lernte am Sterbebett des alten Mannes den Tod kennen. Sie ging im Dunkeln zur Leiche hinauf, drückte ihr die Hand, was alle verwunderte, und hatte nicht die mindeste Furcht vor ihr. Ihr Hass auf den ungeliebten Gatten verstärkte sich mehr und mehr und eines Tages war sie wohl entschlossen, „nachzuhelfen“, was dessen erhofftes Dahinscheiden anbelangte. Sie erinnerte sich daran, dass ihre Mutter früher zur Vertilgung von Ratten und Mäusen Gift ausgelegt hatte und dass daran wohl auch Menschen sterben mochten. So klagte sie ihrer Mutter Ende Juli, dass sie in ihrer Bettkammer Mäuse habe und fragte sie, ob sie einen Rat wisse. Die Mutter brachte ihr kleine Stücke Schwarzbrot, über die sie Arsenik gestreut hatte, und legte sie in Gesines Kammer. Einige Tage später ging Gesine hinauf und kratzte das Gift mit einem Messer von den Butterbroten – so als hätten es die Mäuse abgefressen. Das Gift nahm sie mit hinunter, um es Miltenberg zu geben. Noch einmal gab ihr das Schicksal eine Chance: Sie schrak vor der Tat zurück, bekam Angst und legte das in Papier eingewickelte Gift in ihre Kommode zurück. Als die Mutter einige Tage später hinaufging und nachsah, ob die Mäuse dagewesen waren, behauptete die Tochter, dass sie alles aufgefressen hätten, und bat sie, noch etwas zu bringen – was auch prompt geschah.

Mehrere Wochen lang kämpfte sie nun mit sich selbst und fasste schließlich den schrecklichen Entschluss: Sie vergiftete das Frühstück ihres Mannes. Miltenberg kam blass nach Hause, ging früh zu Bett, stand zwar am nächsten Tag wieder auf, musste sich jedoch gleich wieder hinlegen. Nachdem er acht Tage bettlägerig gewesen war, gab sie ihm noch einmal in einer Krankensuppe eine Dosis Rattengift. Die letzten Tage konnte sie sich nicht mehr seinem Bett nähern. Nicht aus Rührung oder Gewissensbissen: Es war ihr nur immer, als ahne sie, dass er es wisse. So blieb sie einfach an der Tür stehen. Einmal glaubte sie sogar, er werde aus dem Bett springen und sie schlagen.

Am 1. Oktober 1813 verschlimmerten sich die Leiden des Unglücklichen. In seinem Schmerz krümmte und wälzte er sich, bäumte sich oft auf und schrie wie rasend. Gesine ließ sich an seinem Sterbebett nicht sehen. Etwa eine Stunde vor seinem Tod rief man sie, doch sie erschien nicht. Er verschied unter lautem Brüllen. Da erst trat „Madame Miltenberg“ in der vor dem Spiegel einstudierten Rolle einer untröstlichen Witwe an das Lager des Verstorbenen.

Der Mord war gelungen – und sie spürte weder Mitleid noch Reue oder Gewissensbisse. Die Tat hatte sie gelehrt, wie man einen Menschen mit Gift tötet – und dass man lediglich die Dosis erhöhen muss, um zu einem noch schnelleren Ergebnis zu kommen.

Nur ein Schrecken bemächtigte sich ihrer. Der Leib ihres Gatten war stark angeschwollen, der ganze Körper voller Flecken. Da bekam sie Angst und befürchtete, dass ihre Mutter Verdacht schöpfen könnte. Aber diese sagte nur zum Tischler, er möge den Sarg gut mit Pech ausstreichen, damit der Körper nicht bersten könne. Dass der Sarg ordentlich verpicht wurde, beruhigte Gesine; dennoch beschlich sie beim Zunageln noch einmal ein Gefühl der Angst, denn sie glaubte, der Mann könnte von dem Klopfen wieder erwachen.

„Jetzt will ich mich um dich kümmern, denn du hast damals nach unserem Willen geheiratet!“, sagte der alte Timm einige Tage nach der Beerdigung seines Schwiegersohnes zu seiner Tochter und hielt sein Wort. Im schlechtesten Rock, den ältesten Hut auf dem Kopf, sprach er bei allen Gläubigern Miltenbergs vor und versuchte, sich mit ihnen gütlich zu einigen. Das bare Geld in der Tasche und seine Versicherung, wie schlecht es um den Nachlass bestellt sei, wirkten Wunder. Eines Tages konnte er sich erschöpft auf einem Stuhl niederlassen und sagen: „Miltenbergin, nun bist du schuldenfrei!“ Er ordnete ihre Wirtschaft, verschaffte ihr tüchtige Gesellen und kaufte Vorräte für das Geschäft, das sie zunächst mit Eifer und gutem Vorsatz betrieb. Gottfried empfahl sie allerorts. Sie konnte nun sogar Geld borgen und war anfangs sehr zufrieden. In Wirklichkeit war sie schließlich durchaus nicht zahlungsunfähig. Im Gegenteil: Sie war eine reiche Witwe.

Von jetzt an teilte sie ihre ungestörte Liebe zwischen Gottfried und dem unverhofft wieder erschienenen Kassow. Mit Letzterem traf sie sich jedoch lediglich außer Haus. Gottfried betrachtete sich mehr als gemütlichen Freund, der durch Galanterie, Aufmerksamkeiten aller Art und eine herzliche Unterhaltung die junge Witwe zu trösten suchte. Die Kinder liebten ihn wie ihren eigenen Vater und krochen in sein Bett. Wenn er kam, brachte er Geschenke, hielt sich aber stets in scheuer Entfernung.

Bald darauf wurde Gesine von ihrem ältesten Gesellen – einem geschickten jungen Mann – gefragt, ob sie ihn heiraten wolle. Alles sprach für ihn und auch die Kinder mochten ihn, doch sie lehnte ab. Um Ostern 1814 bekam sie ein neues Dienstmädchen, Beta Cornelius, das ihr rasch treu ergeben war. Dass Gottfried noch immer nicht um ihre Hand anhielt, obwohl der lästige Miltenberg nicht mehr lebte, konnte sie nicht begreifen. Schließlich glaubte sie, dass ihm möglicherweise die Eltern oder die Kinder im Wege stehen könnten und so sann sie darüber nach, wie hier Abhilfe zu schaffen war.

Da schien wieder einmal das Schicksal die Karten gemischt zu haben: Ihre Mutter erkrankte und so mochte in der „Miltenbergin" der Entschluss zu einem weiteren Verbrechen gereift sein – vielleicht diesmal sogar ohne die Hilfe von Gift. Doch trotz ihrer vierzehntägigen Pflege starb die Mutter nicht. Der Vater hatte inzwischen sein Haus an den Tischler Bolte verkauft. Während der Unruhe des Einzugs ließ sich die schwache alte Frau ins Haus der Tochter tragen, um dort ihre Gesundheit wiederzugewinnen. Liebevoll und mit kindlicher Herzlichkeit wurde sie in dem schönen neu tapezierten Zimmer aufgenommen, das der alten Bürgersfrau mächtig imponierte. Mutter und Tochter scherzten darüber.

Drei Tage später wollte die „Miltenbergin" etwas Kleidung für die Mutter aus deren Haus holen – da entdeckte sie ein mit Zwirn zugebundenes Papier, worauf „Rattenkraut" geschrieben stand. Es war ihr, wie sie später versicherte, „als sei es ihr absichtlich in den Weg gelegt worden". Die ganze Nacht grübelte sie darüber nach, dass einer Heirat mit Gottfried nichts mehr im Wege stünde, sobald ihre Eltern tot wären. Der Zustand der Mutter besserte sich jedoch – und die Unruhe der Tochter wuchs. Schließlich ging sie an den Schrank und holte sich ein wenig Rattengift aus dem Paket. Wieder verstrichen acht Tage. Die Mutter erkrankte erneut und wie schon zuvor keimte in Gesine die Hoffnung auf, das Gift nicht gebrauchen zu müssen. Doch dann setzte sie ihren Vorsatz ohne die geringsten Gewissensbisse in die Tat um: Eines Sonntags rührte sie das Arsenik in ein Glas Limonade, das Lieblingsgetränk der alten Frau.

Das Gift wirkte. Schon tags darauf verlangte die Mutter nach dem Abendmahl und erhielt es. Sie ordnete ihre kleinen Dinge und verschied anderntags frühmorgens, noch ehe der alte Timm von drüben kam.

Bei der Leiche ihrer Mutter war die „Miltenbergin“ besonders ruhig. Nun ging es Schlag auf Schlag – die letzte Hemmschwelle war beseitigt. Zwischen Mai und September 1814, in nur knapp fünf Monaten, beseitigte das „Ungeheuer von Bremen“ auch noch den eigenen Vater und die drei Kinder. Alle Opfer verschieden unter unsäglichen Schmerzen.

So viele Todesfälle in derart kurzer Zeit waren natürlich auffällig. Ihre Tränen und ihre frommen Sprüche über die dunklen Wege der Vorsehung konnten nicht allen Verdacht von ihr abwenden. Es verbreitete sich das Gerücht, es könne mit den Todesfällen im Miltenberg'schen Haus nicht alles mit rechten Dingen zugegangen sein. Die Freundinnen teilten diese Gerüchte mit der Witwe und verlangten, dass sie – um die schändliche Nachrede aus der Welt zu schaffen – die letzte Leiche sezieren lasse. Äußerlich vollkommen ruhig kam sie diesem Wunsch nach. Die Leiche wurde in Gegenwart vieler Zeugen vom Arzt seziert, und dieser versicherte allen, der Junge sei an einer Darmverschlingung gestorben. Das war die Entscheidung: Jeder Schatten von Verdacht musste daraufhin weichen.

Eine schmerzliche, langwierige Krankheit befiel nach diesem letzten Mord die Verbrecherin. Dennoch erkannte sie darin keine vergeltende Gerechtigkeit oder gar eine Warnung. Von jetzt an begann sie aber, sich ausgiebig als Wohltäterin zu betätigen. Sie ließ nicht die Armen zu sich kommen, sondern suchte sie selbst auf. Kranken und Wöchnerinnen bereitete sie Speisen und pflegte sie. Wo der Ruf eines Notleidenden ihr Ohr erreichte, beeilte sie sich, Hilfe zu leisten. Den bedürftigen Schwestern ihres Vaters schenkte sie ein Stück Land, das zu dem Erbteil gehörte, das ihr zufiel.

Im Mai 1816 erschien unvermutet ihr Bruder in Bremen; eine Erscheinung, die auch anderen Familien nicht gerade zur freudigen Überraschung gereicht hätte. Man hatte den verlorenen Sohn, der sich in Münster 1812 als Stellvertreter hatte anwerben lassen, zur katholischen Religion übergetreten war und von dem die letzten Nachrichten aus Paris gekommen waren, längst für tot gehalten. Die Schwester hatte seine Habseligkeiten verkauft, und ein Erbteil hatte er nach allem kaum noch zu fordern. Doch nun klopfte er, zerlumpt und verkrüppelt, den Tod anscheinend bereits in den Gliedern, an das Haus seiner Schwester. Gesine war nicht gerade erfreut: Eine elegante Dame wie sie konnte einen solchen Bruder unmöglich mit Vergnügen aufnehmen. Sie erschrak und wäre es nicht vor den Leuten gewesen, so hätte sie ihm den Eintritt ganz verwehrt. Gezwungenermaßen quartierte sie ihn in einer armseligen Kammer ein. Da sie befürchtete, dass ihr Bruder doch noch eine Erbschaft verlangen und auch ein neues Hindernis für ihre geplante Heirat mit Gottfried darstellen könnte, wartete sie nicht lange.

Wenige Tage nach seiner Ankunft vergiftete Gesine ihren Bruder bereits mit einer Mahlzeit Schellfisch. Nachmittags, in einem Wirtshaus, befielen ihn heftige Schmerzen und er konnte sich kaum mehr nach Hause schleppen. Die Schwester gab sich den Anschein, ihn sorgsam zu pflegen, doch schon am Abend des 1. Juni war Johann Christoph Timm tot. Wen hätte es gewundert, dass ein invalider Krüppel, dem die Füße in Russland erfroren waren und der auch in Frankreich sicher mehr als genug mitgemacht hatte, bei seiner Heimkehr nach Deutschland krank wurde und starb?

Nun schien der Weg frei zu sein für Gesine. Der ungeliebte Gatte war beseitigt, die Eltern tot, die Kinder weggeschafft, der Bruder ins Grab geschickt – was hielt Gottfried noch ab, sie zu heiraten? Gesine gab nun auch ihr Geschäft auf, das sie allmählich anwiderte. Damit verlor sie den letzten äußeren Halt und war den Stürmen in ihrem Inneren ausgeliefert. Zu genau dieser Zeit kehrte Gottfried von einer längeren Reise zurück. Leidenschaftlich empfing sie ihn und forderte ihn deutlich zur Ehe auf. Er wich jedoch aus – vielleicht im Vorgefühl einer bevorstehenden, schweren Krankheit, vielleicht auch in dunkler Vorahnung des gewissen, von vielen schon verspürten Grauens vor dieser Frau. Dennoch gab sie die Hoffnung nicht auf, pflegte den Mann aufopferungsvoll und beglich alle möglichen Forderungen gegen ihn, die sich im Laufe der Zeit einstellten.

Am Silvesterabend des Jahres 1816 „verließ“ sie, wie sie sich vor ihrem Verteidiger ausdrückte, „die Tugend“; die Folgen stellten sich alsbald ein. Noch immer suchte Gottfried Ausflüchte, doch letztlich ging ihre Rechnung auf. Unter Hinweis auf den Verlust ihrer bürgerlichen Ehre entschloss er sich, sich mit der „Miltenbergin“ zu verloben, trat aber nochmals davon zurück, weil er ein schwer zu erklärendes, inneres Unbehagen spürte. Dann aber tat er endgültig den verhängnisvollen Schritt, vor dem er so lange zurückscheute. Gesine mochte seine Unsicherheit und seine Abwehr gespürt haben, weshalb ihre bisherige Liebe nun urplötzlich in Hass umschlug.

Schließlich reifte in ihr der Entschluss, auch Gottfried zu töten, um eine unglückliche Ehe zu vermeiden. Zudem befürchtete sie, er könne etwas von ihren Untaten ahnen oder wissen.

Kurz nach dem Aufgebot der Ehe gab sie ihm vergiftete Mandelmilch zu trinken. Erbrechen und Durchfall stellten sich ein und das Unheil nahm seinen Lauf. Schnell wurde ein Priester geholt, um die Ehe mit dem Sterbenden zu vollziehen. Nach der Trauung musste sie Gottfried versprechen, sich nicht wieder zu verheiraten. Er sagte, dann sterbe er ruhig. In der Nacht darauf, als sich die großen Schmerzen zur Raserei steigerten, soll er den Trauring wütend zu Boden geschleudert haben. Nach der Aussage der Verbrecherin aber fiel ihm der Ring vom Finger, da er von der Krankheit so mager geworden war. Gottfried starb am 5. Juli, nur drei Tage nach der Hochzeit.

In der Folgezeit schienen sich die Stürme in ihrem Inneren gelegt zu haben. Sechs Jahre lang, von 1817 bis 1823, verübte „Madame Gottfried“ keine Mordtaten. Die Akten berichten nicht einmal von Vergiftungsversuchen. Gottfrieds nachgeborenes Kind war tot zur Welt gekommen.

Die Witwe, deren Reize durch den Schmerz der Trauer noch erhöht wurden, hatte viele Bewunderer. Auch ihr Wohlstand lockte noch immer Bewerber an. Etwa um das Jahr 1819 heiratete das Hausmädchen Beta den Küfer Schmidt und Gesine Gottfried bezog eine neue, elegante und freundliche Wohnung in der schöneren Oberstraße bei Herrn Eckerlien.

Doch finanzielle Sorgen bedrückten sie auch weiterhin. Einem ihrer Gläubiger schuldete sie mittlerweile an die fünftausend Taler, und so beschloss Gesine, wieder zu heiraten. Der Modewarenhändler Zimmermann, ein Stiefsohn ihres Wirtes Eckerlien, kam ihr gerade recht. Nachdem er mehrmals um ihre Hand angehalten und auch verschiedene ihrer drängendsten Schulden freigebig beglichen hatte, gab sie seinem Werben nach und verlobte sich mit ihm. Doch wie schon bei Gottfried stellten sich bei Zimmermann plötzlich Zweifel ein. Auch fehlte es nicht an warnenden Stimmen aus dem Freundeskreis, einer Verbindung mit dieser Frau aus dem Weg zu gehen. Das gab den Anstoß zum nächsten Mord: Gesine wusste sich nicht anders zu helfen, als auch diesen Mann zu vergiften, um mühsam errungener Vorteile willen. Ende April 1823 verabreichte sie ihm eine mäßige Portion „Mäusebutter“ auf Zwieback.

Um die gleiche Zeit erhielt jedoch auch ihre Freundin Marie Heckendorf eine Dosis des Giftes, weil diese „sich zu vorlaut und eindringlich über das Verhältnis zu X“ (einem ihrer Gönner) geäußert hatte. Vielleicht tat Gesine es auch, um ihre Freundin von weiteren Besuchen abzuhalten, während sie ihre ganze Kraft an Zimmermanns Krankenbett aufbieten musste. Als Nebeneffekt ergab sich für „Madame Gottfried“ auch die erwünschte Gelegenheit, an Marie Heckendorfs Krankenlager zu beweisen, wie sie sich einer Freundin annahm, die öffentlich gegen sie gesprochen hatte.

Das Mäusegift wirkte bei beiden Personen sehr schnell. Die unglückliche Marie erkrankte heftig. Aber das Gift, das hier nicht wiederholt verabreicht wurde, bewirkte bei der kräftigen, arbeitsamen Frau lediglich eine Lähmung. Ihre starke Leibesfülle siegte über die Dosis und sie blieb am

Leben. Auch Zimmermanns robuster Körper widerstand längere Zeit den Angriffen. Nach acht Tagen konnte er sich schon wieder aufrichten und die Verlobte mit einem Besuch überraschen. Da musste sie ihn ernsthafter „behandeln": Er erhielt gebratene Küchlein mit Pflaumen und die neuerliche Vergiftung ließ ihn nicht wieder auf die Beine kommen. „Willst du Erbin meines Vermögens sein?", fragte der Todkranke Gesine Gottfried nach ihrer eigenen Angabe. Sie erinnerte ihn an seinen Bruder und da fuhr er fort: „Nun, du sollst, was ich dir gegeben habe, als Geschenk annehmen; aber versprich mir, dass du gleich nach Hannover reisen wirst zu deinem Cousin. Denn wenn ich tot bin, was werden die Leute mit dir machen?" Dies war eine Warnung und sie schien tiefer Besorgnis entsprungen zu sein, denn Zimmermann kannte die hässlichen Gerüchte, die über seine Braut im Umlauf waren.

Am 1. Juni 1823 starb Zimmermann und wieder schien der Schmerz seiner Braut grenzenlos. Zweihundertsechzig Taler und das allgemeine Mitleid waren der bare Ertrag dieser Vergiftung. Zudem besorgte „Madame Gottfried" den Ausverkauf des Zimmermann'schen Modewarenlagers, angeblich zur Zerstreuung und auf Wunsch der Erben und Verwandten. Außer dass die biederen Erben ihr bereitwillig noch mehr gezahlt hatten, als das mündliche Vermächtnis des Bräutigams bestimmt hatte, machte sie bei diesem Ausverkauf für sich noch zusätzliche Geschäfte. Die schöne, reizende, von solch furchtbarem Unglück verfolgte Witwe, die am Ladentisch als Verkäuferin stand, muss aller Wahrscheinlichkeit nach noch einen bedeutenden Zulauf von Käufern und Käuferinnen veranlasst haben. Gesine schlug dabei eine nicht unbedeutende Summe für sich heraus. Mit der gewonnenen Beute ging sie auf eine Zerstreuungsreise nach Hannover.

Ihr Cousin Temme, vorübergehend wohnhaft im Hause des Herzogs von Cambridge, musste bei dessen Rückkehr aus dem Palais von Monplaisir in seine Stadtwohnung ziehen. Da diese zu klein war, nahm dessen Freund Herr Kleine, ein wohlhabender Beamter, mit Freuden die kindlich-naive, heitere, lebensfrohe und gefühlvolle Gesine in seine größere Wohnung auf. An ihre Freundin Marie schrieb sie die rührendsten Trostbriefe. Nichts könne ihr so sehr die Freude ihres Aufenthaltes in Hannover verderben wie die Nachricht, dass sie ihre Marie noch immer leidend wisse. Sie bat sie dringend, falls das ihren Zustand lindern könne, noch mehr Bäder zu nehmen, die sie gern bezahlen wolle. Einmal, als sie Kaffee tranken, kam ein Hausierer, der allerhand anbot, darunter auch „Mäusebutter“. „Madame Gottfried“ schien kaum zu wissen, was das sei, und bat dann, ihr eine Kruke zu kaufen. Aber sie täuschte eine solche Angst vor dem Gift vor, dass sie es nicht einmal in die Hände nahm, sondern den jungen Herrn Kleine bat, es für sie einzupacken.

Im November 1823 kehrte sie nach Bremen zurück, wo sie neuer Ärger und weitere Forderungen erwarteten. Doch gab sie nicht auf und fand immer wieder raffinierte Entschuldigungen. Auch ihre Briefe sollten die Gläubiger milde stimmen oder zum Verzicht bewegen. Da sie dennoch nicht bei allen erfolgreich war, sah sie sich genötigt, wieder in ihr altes Erbhaus zu ziehen. Ein Lehrer und ein frommer Kommissionär zogen zu ihr und fortan wurde jeden Tag gesungen und gebetet. Im Frühjahr 1824 reiste sie abermals nach Hannover, wurde bei den Kleines freundlich aufgenommen, kehrte aber mit neuen Schulden, die das vornehme Leben verursacht hatte, nach Bremen zurück. Der alte Herr Kleine hatte ihr achthundert Taler zur schleunigen Abtragung dringender Schulden vorgestreckt; aber selbst das half ihr wenig.

„Madame Gottfried" war in große Geldnot geraten. Sie drängte deshalb ihre langjährige Freundin, die Musiklehrerin Anna Meyerholtz, bei einem gemeinsamen Bekannten um drei Louisdor (Goldmünzen) zu bitten. Meyerholtz war in der Vergangenheit von der einst so vermögenden Gottfried großzügig behandelt worden – sie stand also in ihrer Schuld. Als der Freund die Bitte ausschlug, erklärte sie sich deshalb bereit, „Madame Gottfried" die Summe zu leihen. Dies war eine selbstlose Tat, da Meyerholtz in ärmlichen Umständen lebte und ihren 80-jährigen Vater mit ernähren musste. Ihr Erspartes hatte sie für das Begräbnis des alten blinden Mannes zurückgelegt. Statt dankbar zu sein, entschloss sich Madame Gottfried jedoch kurzerhand dazu, ihre aufopferungsvolle Freundin zu vergiften und das Geld zu stehlen. Auf diese Weise müsste sie den Betrag niemals zurückzahlen.

Das Morden mag für Gesine Gottfried inzwischen bereits zum Bedürfnis geworden sein. An zwischenzeitlichen Versuchen hatte es nicht gemangelt: Schon vor Pfingsten 1824 hatte sie einer entfernten Verwandten aus einer gehässigen Stimmung heraus „Mäusebutter" auf Weißbrot gereicht. Im September des gleichen Jahres erhielt die sechsjährige Tochter des Lehrers Gift, weil „Madame Gottfried" ihre Mutter hasste. Ihr Freund, der fromme Kommissionär Mosees, hatte ebenfalls vor Kurzem „Mäusebutter" erhalten, damit sie während seines Unwohlseins die Speisekammer plündern konnte.

Der Giftmord hatte längst alles Schreckliche für sie verloren. Es war ihr ein Nahrungszweig geworden und die

Spannung dabei ihre liebste Unterhaltung. Ihr fehlte ja schon seit Langem jede sinnvolle Tätigkeit.

So bekam auch die Musiklehrerin bei einem Besuch bei Gesine „Mäusebutter“ auf den Zwieback geschmiert. Schon auf der Straße befielen sie ein starker Stuhlzwang und heftiges Erbrechen. Sie schrie auf dem Bett, „als wenn sie mit einem Schwert durchschnitten würde“, griff die Umstehenden an, schleuderte sie von sich und starb am 21. März 1825 furchtbar entstellt. Natürlich war die „Madame Gottfried“ wieder die treueste Krankenpflegerin gewesen. Als der Arzt die Leiche öffnen wollte, kam er zu spät. Gesine hatte, weil die Leiche zu platzen schien, die schleunige Einsargung durchgesetzt – so hegte wieder niemand Verdacht. So plünderte sie, ungestört von der Gegenwart des blinden Greises, die Schränke der Ermordeten, während sie vorgab, für den armen, nun seiner letzten Stütze Beraubten den Haushalt zu führen.

Im Juli 1825 geschah das nächste Verbrechen. Gesine Gottfried vergiftete den bei ihr wohnenden Lehrer, weil ihr dessen Frau zuwider war. Der Mann überlebte jedoch. Ihr frommer Mieter Mosees kränkelte schon seit Jahren. Eben als er im Begriff schien, sie heiraten zu wollen, hielt sie es für an der Zeit, ihn zu vergiften. Unter Küssen und Tränen gab sie ihm die stärkste Dosis, und er starb – vor Schmerzen rasend – am 5. Dezember 1825, nachdem sie sich versichert hatte, dass er ihr ein bedeutendes Vermächtnis hinterlassen werde.

Doch auch dieser Mord genügte nicht zum Erwerb des täglichen Brotes. So versuchte sie sich weiter an kleineren Vergiftungen, die schwerlich zur Kenntnisnahme des Gerichts gekommen sein dürften. Wegen der unbedeutendsten Ursachen griff sie zu ihrer „Mäusebutter“. Sie reichte sie ihrem Dienstmädchen, Luzie Block, dem Kindermädchen des

Lehrers, Blandine Witzel, und der Magd Sophie Luise Fette, die sich in den Diensten einer ihrer Mieterinnen befand. Nun wählte sie nicht mehr, sondern verabreichte das Gift geradezu wahllos, wann immer ihr der Zufall entsprechende Personen zuführte.

Und so schloss sich der Kreis. Als der Radmachermeister Rumpff einzog, war sie bereits gezwungen, ihr Haus zu verkaufen. Ein letztes Mal wollte sie mit Strategie vorgehen: Es galt, einen neuen „Bräutigam“ zu gewinnen, der ihr auf dem Totenbett alles oder doch wenigstens einen Teil seines Vermögens vermachen sollte. Zu diesem Zweck mussten wieder einmal so viele Mitglieder der Familie, wie nötig waren, beseitigt werden. Rumpffs Ehefrau machte dabei den Anfang. Sie starb am fünfzehnten Tag nach ihrer Entbindung, am 22. Dezember 1826, angeblich an den Folgen der Geburt – in Wirklichkeit hatte ihr „Madame Gottfried“ vergiftete Hafersuppe gereicht. Als diese zu langsam wirkte, frischte sie drei Tage vor dem Tod das Gift noch einmal auf. Bereits einige Wochen später spielte sie dem Witwer gegenüber auf eine mögliche neue Heirat an. Der wies, „von entschiedener Abneigung beseelt“, den Antrag, wenn auch scherzend, so doch bestimmt zurück, indem er erklärte, keine Witwe heiraten zu wollen. So musste auch er erkranken und verdankte nur dem Umstand ein längeres Leben, dass er sich nicht wie die vorherigen Opfer durch ihr einschmeichelndes Wesen zu Versprechen und Vermächtnissen hinreißen ließ.

Etwa zur gleichen Zeit vergiftete sie auch ihre Cousine Beta Cornelius, verheiratete Schmidt, während der Abwesenheit ihres Mannes. Das Motiv waren fünfzig Taler, welche Schmidt seiner Frau zur Bestreitung der Kosten einer bevorstehenden

Entbindung zurückgelassen hatte. Gesine Gottfried brauchte wieder einmal dringend Geld und obgleich sie genauso dringend auf die treuen Dienste Betas angewiesen war, die auch nach ihrer Verheiratung noch immer für sie arbeitete, schreckte sie nicht vor diesem Raubmord zurück. Das Opfer widerstand jedoch unerwartet lange. Zunächst brachte sie noch einen Jungen zur Welt. Dann musste sie auch noch erleben, wie ihre dreijährige Tochter starb, da auch das Kind von der vergifteten Kirschsuppe zu essen bekommen hatte. Erst ein neuer Vorrat „Mäusebutter“, den sich „Madame Gottfried“ schnell zu verschaffen gewusst hatte, vollendete die Zerstörung ihres kräftigen Körpers.

Doch noch immer steckte Gesine in finanziellen Schwierigkeiten. Der alte Herr Kleine in Hannover drängte auf die Rückzahlung der geliehenen achthundert Taler. Nur mit Mühe gelang es ihr, einige hundert Taler zusammenzutragen, um ihn einstweilen zufriedenzustellen. So schmiedete sie Pläne, nach Hannover zu reisen und dort „den Vater Kleine und womöglich auch seine Kinder zu vergiften“, um von seinen Mahnungen befreit zu werden. Weiter gingen ihre Absichten selten: Sie wollte meist nur aus einer augenblicklich drückenden Verlegenheit gerettet werden und Atem schöpfen. Die Zukunft kümmerte sie wenig. So schickte sie Briefe voller Zärtlichkeit „an den lieben Vater Kleine“, der ihr einziger Freund wäre und ihr in den kleinsten Angelegenheiten seinen Rat schenken müsse, denn sie könne nicht tun, was er nicht billige. Dann trat sie mit einer vollen Kruke „Mäusebutter“ ihre vierte und letzte Reise in die niedersächsische Metropole an.

Der Alte und seine Tochter nahmen Gesine Gottfried als Teil der Familie auf. Wie stets zuvor bereiteten sie ihr auch diesmal wieder einen angenehmen Aufenthalt. Am 17. Juli präparierte sie ihm seinen Schinken zum Frühstück und am 24. verstarb er unter namenlosen Schmerzen. Nach der Sezierung gab das ärztliche Gutachten als Todesursache die Gallenruhr an. Tags darauf, am 25., erkrankte die ganze Kleine'sche Familie infolge des Genusses einer Hafersuppe, an der der älteste Sohn, welcher gerade zum Tode seines Vaters aus Paris zurückgekehrt war, bereits einen metallischen Geschmack bemerkt hatte. Glücklicherweise mussten sich alle so stark erbrechen, dass die Nachwirkungen des Giftes nicht erheblich waren.

Durch Kleines Tod hatte die Mörderin allerdings den gewünschten Aufschub gewonnen. Niemand dachte daran, den Restbetrag von fünfhundert Talern jetzt zurückzufordern. Außerdem log sie den Erben vor, dem Verstorbenen fünf Louisdor zur Aufbewahrung gegeben zu haben. Obwohl man die Geldstücke nicht fand und auch nichts darüber verzeichnet war, obschon Kleine doch der sorgsamste Mann in Geldangelegenheiten war, erhielt sie dieselben, ohne den mindesten Verdacht zu erregen. Zudem stahl Gesine einem Fräulein Stockhausen einen Doppellouisdor und der Kleine'schen Tochter Wäsche und andere Kleinigkeiten.

Kurioserweise war ausgerechnet jetzt, als ihre Unverfrorenheit den Höhepunkt erreicht hatte, jede Furcht vor Entdeckung verschwunden. In rascher Folge versuchte sie nun, den Pflegesohn ihrer „Freundin" Marie, Wilhelm Suhling, einen elfjährigen Jungen, zu vergiften. Danach probierte sie ihre „Mäusebutter" an einem ihr völlig unbekannten Mädchen aus, das ihr zum Geburtstag gratuliert hatte. Doch beide Kinder überlebten die Anschläge. Die schreckliche Mordserie nahm nun ihr Ende. Die genauen Umstände des Mordversuches an

Rumpff, die endlich zu ihrer Entdeckung führten, wurden zu Beginn des Kapitels geschildert.

Am 6. März 1825 – sie war eben 43 Jahre alt geworden – wurde sie verhaftet. Eine entsetzliche Mordserie war damit zu Ende gegangen: Gesine „Gesche“ Gottfried hatte 15 vollendete und wenigstens ebenso viele versuchte Morde begangen. Sie war für ihre Taten voll verantwortlich; es gab keine Strafminderungsgründe. Außerdem belasteten sie als erwiesene Verbrechen wiederholter Ehebruch, Meineid, Diebstahl, Einbruch, Unterschlagungen und der Versuch der Abtreibung. Die Ermittlungen zogen sich endlos lange hin und die Aktenberge nahmen bereits ungeheure Ausmaße an. Schließlich erfolgte am 17. September 1830, volle drei Jahre später, die Verurteilung der skrupellosen Mörderin zum Tod durch das Fallbeil.

Am frühen Morgen des 21. April 1831 wurde Gesine Gottfried im Pferdewagen zum Domshof gebracht, wo sich bereits 35.000 Schaulustige versammelt hatten. Nachdem der vorsitzende Richter ihr ein letztes Mal das Urteil vorlas, zerbrach Senator Droste einen Holzstab – eine symbolische Geste, die bedeutete, dass es rechtskräftig war. Als letzten Wunsch erhielt Gesine ein Glas Rotwein, an dem sie jedoch nur nippte. Nachdem sie jedem Richter die Hand gereicht hatte, wurde sie auf dem Stuhl des Schafotts festgeschnallt. Während „Madame Gottfried“ betete, zog man ihren Kopf an den Haaren in die Höhe. Dann beendete der Scharfrichter Gesines Leben und präsentierte ihren Kopf dem Publikum. Es sollte die letzte öffentliche Hinrichtung in Bremen gewesen sein.

Gesine Gottfrieds skelettierter Leichnam wurde im Pathologischen Institut der Bremer Krankenanstalten (heute

Klinikum Bremen-Mitte) in einem Schrank aufbewahrt. Das Institut brannte während des Ersten Weltkrieges ab – und mit ihm Gottfrieds sterbliche Überreste.

2.

„Der Maskenmann“

Der Fall Martin N. (1992–2001)

Im Raum Bremen begann im Jahr 1992 eine große Missbrauchsserie. Bei den Opfern handelte es sich stets um Jungen, die der maskierte Martin N. im Schutz der Nacht überwältigte, um sich an ihnen zu vergehen. Der von Zeugen als groß und kräftig beschriebene Täter drang vornehmlich in Zeltlager, Jugend- und Schullandheime ein. Ab 1994 kamen gelegentliche Einbrüche in Einfamilienhäuser hinzu. Insgesamt bezifferten sich die Delikte auf 45-maligen versuchten oder vollendeten Missbrauch sowie drei Morde. Dabei ist nicht auszuschließen, dass Martin N. weitere Taten verübt hat.

Am 3. März 1992 entdeckte die Betreuerin einer Schulklasse einen maskierten Mann im leeren Schlafsaal eines Schullandheims in Hepstedt. Der Eindringling konnte fliehen, kehrte jedoch ein paar Tage später zurück, um sich an einem Elfjährigen zu vergehen, der den Angreifer jedoch durch lautes Schreien in die Flucht schlug. Im selben Monat ereigneten sich weitere Vorfälle: Der maskierte Täter versuchte im Schullandheim Badenstedt in Zeven einen 13-Jährigen zu missbrauchen. Im Schullandheim Cluvenhagen fiel einer Lehrerin ein maskierter Fremder auf, der einen schlaftrunkenen Jungen bei sich hatte, der keinen Widerstand leistete. Der Mann flüchtete, sobald ihn die Lehrerin bemerkte. Aus einem Internat in Scheeßel verschwand am Morgen des 31. März 1992 der 13-jährige Stefan Jahr. Man fand seine Leiche fünf Wochen später in den Verdener Dünen vergraben – die Hände auf den Rücken gefesselt. Zwischen April und Juni 1992 wurde der maskierte Mann noch zweimal im Kinderheim Hepstedt gesehen. Im August weckte er dort mehrere Kinder und berührte sie unsittlich. Im selben Monat verging sich der Täter in der Toilette des Schullandheim Badenstedt an einem zehnjährigen Jungen. Zudem missbrauchte er einen Neunjährigen und ein weiteres Kind im Zeltlager Selker Noor. Im September 1992 verschaffte sich der Mann Zutritt zum Kinderheim in Hepstedt und forderte einen im Bett liegenden Jungen auf, sich auszuziehen. Außerdem trug er im Schullandheim Badenstedt einen Neunjährigen aus dem Bett in einen Nebenraum, um ihn dort unsittlich zu berühren. Im Oktober schlug er erneut im Kinderheim Hepstedt zu: Er sprach fünf Kinder an und missbrauchte anschließend drei davon. Das Schullandheim reagierte auf die wiederholten Attacken, indem es die Türschließanlagen erneuerte und zudem Bewegungsmelder anbrachte. Ab April 1994 drang der maskierte Mann mehrfach in Einfamilienhäuser im Raum Bremen ein, insbesondere im Stadtteil Horn-Lehe. Es gelang ihm dort, mehrere Jungen zu missbrauchen. Obwohl die Eltern darauf drängten, verzichtete die Polizei auf eine öffentliche Warnung. Im Schullandheim Badenstedt missbrauchte der Mann im Mai 1994 einen Elfjährigen. Im Juli 1994 drang der Täter im Zeltlager in Otterndorf in zwei Zelte ein und berührte sieben Jungen im Alter von acht bis neun Jahren unsittlich. Ende August 1994 fasste der Maskierte im Zeltlager Selker Noor einen 13-Jährigen an. Nach wenigen Minuten verschwand der Täter, doch der Vorfall wiederholte sich zwei Tage später.

In der Nacht des 9. Aprils 1995 verging sich der Maskierte in der Jugendherberge Bademühlen an einem Jungen. Im Mai 1995 missbrauchte er einen Zehnjährigen im Schullandheim Badenstedt. Im folgenden Monat wurde ein zehnjähriger Austauschschüler in Wulsbüttel von dem Mann sexuell missbraucht. Anschließend floh der Eindringling durch das Fenster. Im Zeltlager Selker Noor entführte der maskierte Täter in der Nacht auf den 24. Juli 1995 den achtjährigen Dennis Rostel. Vierzehn Tage später wurde seine in einer Sanddüne vergrabene Leiche bei Skive in Dänemark von Touristen entdeckt. Im Schullandheim Badenstedt versuchte der Täter im Oktober 1995, einen 13-Jährigen unsittlich zu berühren. Als sich sein Opfer wehrte und seine Zimmergenossen aufweckte, flüchtete der Mann. Seine letzte Attacke in Badenstedt ereignete sich im Juni 1998. Er versuchte, zwei Jungen anzufassen, die aber heftigen Widerstand leisteten. Im Juli 1999 weckte der Täter im Schullandheim Wulsbüttel einen achtjährigen Jungen und missbrauchte ihn im Untergeschoss des Hauses. Aus demselben Schullandheim verschwand am 5. September 2001 der neunjährige Dennis Klein. Zwei Wochen später wurde sein toter Körper von Pilzsammlern im dichten Gebüsch an einem Waldweg zwischen Kirchtimke und Hepstedt entdeckt. Auch in Westfrankreich ereignete sich ein Vorfall, der von dem „Maskenmann“ verübt worden sein könnte. Aus einem Schullandheim in Saint-Brevin-les-Pins verschwand am 7. April 2004 der elfjährige Jonathan Coulom.

Die Kripo Verden bildete eine Sonderkommission, um den Mordfall an Dennis Klein zu untersuchen. Der „Soko Dennis“ gelang es dabei, die Kindermorde und die teilweise den Behörden noch unbekannten Missbrauchsfalle in Zusammenhang zu bringen. Zeugenaussagen und die sehr ähnlichen Tatabläufe ließen auf einen Einzeltäter schließen. Laut dem Fallanalysten Alexander Horn müsse der Mörder ein sehr großer und kräftiger Mann im Alter zwischen 30 und 50 Jahren sein, der sich in Norddeutschland gut auskenne. Insbesondere das Gebiet rund um Bremen müsse ihm vertraut sein, weshalb vermutet wurde, er könne in dieser Gegend wohnhaft sein. Aufgrund seiner Taten könne er zu Beginn der 1990er-Jahre einen speziellen Bezug zu der Region um die Orte Hepstedt und Badenstedt gehabt haben. Trotz seiner mutmaßlich norddeutschen Herkunft spreche der Mann Hochdeutsch, wobei seine Stimme auffallend tief sei. Es wurde angenommen, dass der Täter Erfahrungen im Umgang mit Kindern habe. Er lebe wahrscheinlich alleinstehend, sei aber sozial integriert. Seine pädophile Neigung könne daher in seiner engeren Familie oder in seinem Freundeskreis möglicherweise bereits bemerkt worden sein.

Der Täter war stets dunkel gekleidet, maskiert und trug Handschuhe, was seine jungen Opfer einschüchterte. Auffallend war dabei seine Risikobereitschaft an vielen Tatorten, denn oft setzte er sich der Gefahr aus, entdeckt zu werden. Trotzdem gelang es ihm, fast keine Spuren zu hinterlassen, weshalb die Ermittler von einem intelligenten Täter ausgingen. Es wurde angenommen, dass der Mann seine Taten im Voraus plante und bewusst in einem ihm vertrauten Umfeld ausführte.

Wurde er zu Beginn der Missbrauchsserie noch als sportlich beschrieben, nahm er über die Jahre an Gewicht zu. Er benutzte in der Regel ein Auto, um zu den Tatorten zu gelangen. Seine drei deutschen Mordopfer transportierte er dabei über längere Strecken in seinem Wagen. Dennis Rostel brachte er sogar mehr als 250 Kilometer über die zu dieser Zeit noch bewachte Grenze nach Dänemark.

Hunderte in Norddeutschland lebende Männer mussten sich einem Massen-DNA-Test unterziehen. Auch die Verwandten und Bekannten der Opfer wurden überprüft. Sonderkommissionen aus Frankreich und den Niederlanden unterstützten die deutschen Ermittler. Im Fernsehen wurden die Zuschauer dazu aufgerufen, sachdienliche Hinweise mit den Behörden zu teilen, doch es gingen keine entscheidenden Informationen ein.

Insbesondere Ulrich Jahr, der Vater des ersten Mordopfers, setzte alles daran, um herauszufinden, wer seinen Sohn missbraucht und ermordet hatte. Er verteilte Handzettel, gab Fernsehinterviews am Grab des toten Kindes, engagierte einen Privatdetektiv und ließ auf eigene Kosten DNA-Vergleiche durchführen.

Trotz der rund 7.800 Hinweise konnte der Fall nicht gelöst werden. Im August 2010 erhielten die Ermittler einen richtungsweisenden Hinweis: Ein Zeuge hatte im Internet eine alte Dokumentation gesehen und erinnerte sich daran, bei einem morgendlichen Jogginglauf auf einem Waldweg in der Nähe des Entführungsortes das Opfer Dennis Klein gesehen zu haben. Dennis saß im Wagen des mutmaßlichen Täters, der nun mithilfe einer Situations- und Phantomskizze gesucht werden konnte. Diese Zeichnungen wurden am 10. Februar 2011 veröffentlicht.

Ein früheres Opfer des „Maskenmannes“, das dieser 1995 in seinem Elternhaus missbraucht hatte, sorgte schließlich für den entscheidenden Durchbruch: Dank der veröffentlichten Skizzen erinnerte sich das Opfer daran, dass es einige Monate vor der Tat von dem Betreuer einer Kinderfreizeit über seine

Wohnsituation ausgefragt worden war. Aufgrund von diesem Hinweis konnte die Polizei am 15. April 2011 einen dringend Tatverdächtigen festnehmen.

Bei dem zum Zeitpunkt der Festnahme 40-jährigen Mann handelte es sich um Martin N. aus Hamburg-Harburg. Bis September 2000 war er wohnhaft in Bremen. Noch während der ersten Vernehmungen gestand er, Stefan Jahr, Dennis Rostel und Dennis Klein ermordet zu haben. Überdies gab er an, ungefähr 40 weitere Kinder missbraucht zu haben.

Die drei Morde habe er nur begangen, um den sexuellen Missbrauch zu verdecken. Weil er befürchtet habe, sein Opfer Stefan Jahr könne sich das Nummernschild seines Wagens gemerkt haben, habe er es noch in der Nacht von dessen Entführung stranguliert. Dennis Klein habe er erwürgt, weil dieser lautstark Gegenwehr geleistet habe. Dennis Rostel habe er mit seinem Auto in ein Ferienhaus bei Holstebro in Dänemark gebracht und dort mehrere Tage mit ihm verbracht, bevor er ihn erdrosselte.

Die Vorgeschichte enthüllt eine Reihe peinlicher Pannen: Schon früh war Martin N. der Polizei mehrfach aufgefallen, doch nie ernsthaft zur Verantwortung gezogen worden.

Im Alter von 17 Jahren hatte er zwei Bremer Elternpaaren mit der Entführung und Tötung ihrer Kinder gedroht und hatte versucht, 150.000 DM zu erpressen. 1989 war er nach dem Jugendstrafrecht verurteilt worden, musste jedoch nur gemeinnützige Arbeiten verrichten. Mit Vollendung seines 24. Lebensjahres wurde diese Vorstrafe aus dem Erziehungsregister gelöscht. 1995 bewarb sich Martin N. beim Amt für Soziale Dienste in Bremen um einen Pflegesohn. Obwohl er ein junger und alleinstehender Student in einer

Einzimmerwohnung war, der noch von 870 DM BAföG lebte, akzeptierte man ihn als Pflegevater. Dies erklärt sich damit, dass es nur sehr wenige potenzielle Pflegeeltern gab. Im Amtsgericht Bremen-Blumenthal, vor dem sich N. zuvor wegen der versuchten Erpressung zu verantworten gehabt hatte, sprach ihm eine Vormundschaftsrichterin im Jahr 1996 das Sorgerecht für einen Jungen zu. Wie sich später herausstellte, hatte Martin N. zu diesem Zeitpunkt bereits zwei Kinder ermordet. Der zwölfjährige Pflegesohn, den er laut eigenen Angaben zu keinem Zeitpunkt sexuell missbraucht hatte, lebte bis zu seiner Volljährigkeit bei N.

Martin N. schloss sein Lehramtsstudium für die Fächer Mathematik, Physik und Pädagogik ab. Noch vor dem Zweiten Staatsexamen brach er das anschließende Referendariat ab. Er fälschte daraufhin seine Hochschulzeugnisse und bewarb sich im Jahr 2000 als Diplom-Sozialpädagoge. Es gelang ihm, eine Anstellung als Kinderbetreuer bei einer Hamburger Stiftung zu erhalten, wobei ihm auch seine zuvor gesammelten Erfahrungen auf diesem Gebiet halfen. Bis Anfang 2008 arbeitete er in der Stiftung. Als Jugendbetreuer konnte er sich dabei mit den Örtlichkeiten und mehreren Opfern vertraut machen, ohne Verdacht zu erregen.

Gerade im Umgang mit schwierigen Kindern und Jugendlichen gelang es N., eine Vaterrolle anzunehmen. Er selbst betrachtete dies als einen Ersatz für ein Familienleben und betonte gegenüber dem psychiatrischen Sachverständigen Norbert Nedopil aus München, dass er sich niemals Kindern sexuell genähert habe, für die er sich verantwortlich gefühlt habe. Dies habe er keinesfalls mit seiner Rolle als Ersatzvater vereinbaren können.

Martin N. gelang es, ein nach außen hin völlig normal erscheinendes Leben zu führen. Stets fürchtete er das Bekanntwerden seiner Taten. Insbesondere seine Mutter sollte nichts von seinem Doppelleben erfahren.

In seiner Kindheit war N. ein scheuer Außenseiter gewesen. Er spürte früh, dass er anders war als seine Altersgenossen und dass ihn vor allem andere Reize erregten. Die Angst, dass jemand seine verborgene Seite bemerken könnte, führte dazu, dass sich Martin N. immer mehr zurückzog und soziale Kontakte mied. Ein solches Verhalten gilt als typisches Anzeichen für das Entstehen einer pädophilen sexuellen Präferenzstörung.

Auch in späteren Jahren gelang es Martin N., seine dunkle Seite verborgen zu halten. Am Tag war er ganz der unauffällige Mitarbeiter. Nur des Nachts streifte er als vermummter „Maskenmann" umher und suchte nach Opfern, die er nach eigenen Angaben nur so lange angefasst habe, bis er „satt" gewesen sei und genug Eindrücke gesammelt habe, um sich später selbst zu befriedigen. Traf er bei seinen Streifzügen auf Erwachsene oder gelang es ihm nicht, die Türen zu öffnen, so floh er rasch und fuhr davon.

Noch vor seiner Verhaftung im Jahr 2011 wurde ihm sexueller Missbrauch in zwei minder schweren Fällen vorgeworfen. Dieses Verfahren wurde 2005 gegen eine Zahlung von 1.800 Euro eingestellt. Bereits 2006 fiel Martin N. erneut auf: Er drohte einem Berliner Sozialarbeiter, ihn wegen des Besitzes von Kinderpornografie anzuzeigen, wenn dieser ihm nicht 20.000 Euro bezahlte. Daraufhin wurde er erneut wegen versuchter Erpressung verurteilt. Diesmal erhielt er eine Freiheitsstrafe von zehn Monaten, die auf Bewährung ausgesetzt wurde.

Während der Ermittlungen der Kripo im März 2006 stellten Beamten bei einer Wohnungsdurchsuchung den Computer von Martin N. sicher. Obwohl man auf dem Gerät rund 30.000 Fotos mit kinderpornografischen Darstellungen fand, wurde das Verfahren 2007 wieder eingestellt. Dies wurde damit begründet, dass die Beamten weder nachweisen konnten, wann diese Bilder gespeichert worden waren, noch wann sie zuletzt geöffnet worden waren. Somit behandelte die Staatsanwaltschaft den Fall als vermutlich verjährt. Dabei hatte es die Hamburger Polizei versäumt zu erkennen, dass einige der Bilder sogar frühere Opfer von Martin N. zeigten.

Weil N. in das Täterprofil der „Soko Dennis“ passte, wurde er im Dezember 2007 vernommen, bestritt aber mit Nachdruck jeglichen pädophilen Kontakt zu Kindern. Eine Speichelprobe lehnte er 2008 ab. Sie konnte rechtlich nicht durchgesetzt werden, da kein hinreichender Tatverdacht bestand.

Nachdem Martin N. 2011 verhaftet worden war, beschlagnahmten Beamten seinen Computer erneut. Im November desselben Jahres entdeckte sein Nachmieter mehrere Speichermedien unter einer Dunstabzugshaube, doch Martin N. weigerte sich, das Passwort für die gesicherten Dateien preiszugeben – vorgeblich um Freunde und Familie zu schützen. Trotz moderner Technik war es der Polizei nicht möglich, das komplexe Kennwort zu entschlüsseln. Erst Ende 2016 nannte Martin N. den Ermittlern die Passwörter freiwillig. Eine Auswertung der Datenträger konnte erst Jahre später abgeschlossen werden.

Die Staatsanwaltschaft Stade erhob am 15. Juli 2011 Anklage gegen Martin N. Ihm wurde zwanzigfacher Missbrauch sowie dreifacher Mord vorgeworfen. Aufgrund von Verjährung konnte über etwa 20 weitere Missbrauchsfälle nicht mehr geurteilt werden. Im Prozess, der im folgenden Oktober begann, zeigte sich Martin N. geständig. Dem Täter wurde durch psychologische Gutachter eine erhebliche pädophile Störung attestiert. Aufgrund seines planvollen Vorgehens wurde ihm jedoch die volle Schuldfähigkeit bescheinigt. Martin N. wurde als anhaltend gefährlich eingestuft. Zudem bestehe eine hohe Rückfallgefahr. In dem Prozess ergaben sich zudem Hinweise auf weitere Taten in den 2000er-Jahren

Martin N. wurde am 27. Februar 2012 zu einer lebenslangen Freiheitsstrafe verurteilt, wobei das Gericht die besondere Schwere der Schuld feststellte. Hinzu kam eine anschließende Sicherheitsverwahrung, gegen die die Verteidiger von Martin N. erfolgreich Revision einlegten. So hob der Bundesgerichtshof die verhängte Sicherungsverwahrung am 10. Januar 2013 mit der Begründung auf, dass eine solche nur zu einem unerlässlichen Schutz der Allgemeinheit angeordnet werden könne.

Aufgrund der vom Bundesgerichtshof bestätigten besonderen Schwere der Schuld verlängert sich die übliche Mindesthaftdauer einer lebenslangen Freiheitsstrafe von 15 Jahren entsprechend. Eine Strafaussetzung zur Bewährung ist nur dann möglich, wenn der Verurteilte als nachweislich ungefährlich eingestuft werden kann, was ebenfalls eine Sicherungsverwahrung aussetzen würde. Wenn Martin N. als weiterhin gefährlich betrachtet wird, ist damit zu rechnen, dass er möglicherweise bis zu seinem Lebensende hinter Gittern bleiben wird.

Dass dies mehr als gerechtfertigt erscheint, wird durch eine Mitteilung der französischen Zeitung „Presse Océan“

erhärtet. Demnach soll er im Laufe des Jahres 2018 im Gefängnis damit geprahlt haben, neben den drei deutschen Jungen auch den elfjährigen Schüler Jonathan Coulom getötet zu haben. Dieser war, wie bereits erwähnt, im April 2004 an der Westküste Frankreichs verschleppt, missbraucht und ermordet worden. Der Täter hatte seinerzeit nicht ermittelt werden können. Martin N. war aber schon damals ins Visier der Ermittler geraten.

3.

„Der Außenseiter“

Der Fall Marc H. (2004)

Wegen sexuellen Missbrauchs und der Ermordung von zwei Kindern wurde Marc H. im Juni 2005 zu einer lebenslangen Freiheitsstrafe mit anschließender Sicherungsverwahrung verurteilt. Doch auch weitere bis heute ungeklärte Sexualstraftaten und Morde könnten von ihm verübt worden sein.

Marc H. wurde am 1. August 1973 in Plettenberg im Sauerland geboren. Die Eltern des Einzelkindes waren eine Krankenschwester und ein ehemaliger Seemann. Die Familie zog 1980 zu den Großeltern nach Nuttmecke bei Attendorn. Marc H. wurde von seinen Mitschülern ausgegrenzt und gehänselt. Seine X-Beine, das starke Übergewicht und eine Sprachstörung machten ihn zur Zielscheibe von Spott und Hohn. Bereits in der Grundschule blieb Marc H. aufgrund seiner schlechten schulischen Leistungen sitzen. Auch in der Hauptschule wurde er einmal nicht versetzt. Mit 16 Jahren brach Marc H. die Hauptschule schließlich nach der achten Klasse kurzerhand ab und war drei Jahre arbeitslos. Zu dieser Zeit konsumierte er Unmengen von brutalen Horror- und Gewaltfilmen und spielte Ego-Shooter. Auch begann er, selbst gefangene Mäuse und Frösche auf sadistische Weise zu quälen und anschließend zu töten. Ab 1992 arbeite Marc H. für ein knappes Jahr als Wärter bei einem Bauhof in Attendorn und ging daraufhin zur Bundeswehr. Nach Beendigung des Wehrdiensts schloss er sich in Nuttmecke der Neonazi-Szene an, blieb aber nur Mitläufer. Mit 20 Jahren lernte er eine Frau aus einem benachbarten Ort kennen, mit der er 1994 eine Tochter bekam.

Im Februar desselben Jahres versuchte Marc. H. erstmals, einen Menschen zu vergewaltigen. Sein Opfer war eine 17-jährige Anhalterin, die er in einem einsamen Waldstück überwältigen wollte. Vor Gericht erhielt Marc. H. lediglich zwei Jahre Haft auf Bewährung. Begründet wurde dieses milde Urteil damit, dass H. bisher keine Vorstrafen besaß, geständig war und ihm eine positive Sozialprognose bescheinigt wurde. Seine Freundin trennte sich im Anschluss jedoch sofort von ihm. Die gemeinsame Tochter blieb in der Obhut von Marc H., der 1995 zusammen mit seinen Eltern und Großeltern nach Bremerhaven zog. Sein Vater starb kurz darauf an der Creutzfeldt-Jakob-Krankheit. Marc H. gelang es zweimal in Folge nicht, die Abschlussprüfung seiner Ausbildung zum Gas- und Wasserinstallateur zu bestehen. Auch diesmal gab er auf und brach die Ausbildung ab. In den nächsten fünf Jahren war H. beim Deutschen Roten Kreuz als Sanitäter auf Großveranstaltungen beschäftigt. Dabei lernte er eine neue Partnerin kennen, die er bald darauf heiratete.

Im Jahr 2000 fand Marc H. eine Beschäftigung bei einer Bremerhavener Sicherheitsfirma. Seine Aufgabe bestand darin, Busfahrkarten zu kontrollieren. Bei seiner Arbeit lernte er auf einer Busfahrt eine 17-Jährige kennen, die ihn im Anschluss der Vergewaltigung beschuldigte. Da das Gericht Marc H. diese Tat nicht nachweisen konnte, kam er straflos davon. Zwei Jahre nach diesem Vorfall wurde Marc H. wieder Vater einer Tochter. Bald kriselte es jedoch in seiner Ehe. Er fuhr immer häufiger scheinbar ziellos mit dem Auto umher, wohl um sich emotional abzureagieren. Seine Frau echauffierte sich nicht nur über die hohen Ausgaben für Benzin, sondern verdächtigte ihn auch, ihr auf dem „Baby-Straßenstrich" von Bremerhaven untreu zu werden. Nachdem Marc. H. im Juni 2003 seine Arbeit verloren hatte, dehnte der Arbeitslose seine Autofahrten noch weiter aus. Seine Frau trennte sich im Frühjahr des folgenden Jahres von ihm und verschwand mit der gemeinsamen Tochter. Marc H. lebte daraufhin allein mit seiner Erstgeborenen.

Am 6. Mai 2004 fiel Marc H. während einer seiner typischen Fahrten die achtjährige Levke Straßheim auf, die vor ihrem Elternhaus im Cuxhavener Stadtteil Altenwalde wartete. Es gelang ihm, das Mädchen in seinen Wagen zu locken und in einem Waldstück zu vergewaltigen. Anschließend strangulierte er sie mit einem Kabelbinder. Levkes skelettierte Leiche wurde erst im August desselben Jahres in der Nähe seines Heimatortes Attendorn von einer Pilzsammlerin entdeckt. Zuvor hatte H. das Opfer mehrfach umgebettet.

Es folgte eine Großfahndung nach dem Mörder. Marc H. schien dies nicht weiter zu kümmern. Er suchte bereits nach einem neuen Opfer und fand es in dem achtjährigen Felix Wille aus Neu Ebersdorf im Landkreis Rotenburg. Der kleine Junge war am 30. Oktober 2004 mit seinem Fahrrad unterwegs und wurde von Marc H. dazu überredet, in sein Auto zu steigen. In der Nacht missbrauchte der Täter das Kind in einem Wald. Anschließend erdrosselt er es mit bloßen Händen und warf den Leichnam in den Fluss Geeste bei Bremerhaven. Am 8. Dezember 2004 konnte Marc H. schließlich verhaftet werden und gestand beide Morde innerhalb eines Monats. Nachdem er den genauen Ort genannt hatte, fanden Polizeitaucher am 7. Januar 2005 die zu einem Paket verschnürte Leiche des Jungen im Fluss.

Der Prozess vor dem Landgericht Stade konnte bereits am 9. Mai 2005 eröffnet werden. Als Nebenkläger trat die Familie Levkes auf. Da Marc H. während des gesamten Prozesses schwieg, wurden seine Äußerungen von seinen Anwälten verlesen. Die Verhandlung endete am 29. Juni 2005 mit der Verurteilung zu einer lebenslangen Freiheitsstrafe wegen Ermordung und sexuellen Missbrauchs in zwei Fällen. Das Gericht ordnete aufgrund der besonderen Schwere der Schuld zudem eine anschließende Sicherungsverwahrung für Marc H. an. Der Vorsitzende der Schwurgerichtskammer, Berend Appelkamp, begründete das Urteil damit, dass der Täter anderen unvorstellbares Leid zugefügt habe. Marc H. zeigte keinerlei erkennbare Reaktion, als das Urteil verkündet wurde. Derzeit verbüßt er seine Freiheitsstrafe in der Justizvollzugsanstalt Oldenburg. Der Kindsmörder wird wahrscheinlich bis an sein Lebensende eingesperrt bleiben.

Marc H. wurde von seiner sehr dominanten Mutter stets mit übergroßer Vorsicht behandelt. In seiner Jugend gelang es dem verhätschelten Muttersöhnchen im Gegensatz zu seinen Altersgenossen kaum, Kontakte zum anderen Geschlecht herzustellen. Dass er mit nur einem Hoden geboren wurde, mag seine Scheu in sexuellen Belangen noch vergrößert haben. Stattdessen konsumierte er sehr viel Pornografie. Von Zeitzeugen wurde er zumeist als zurückgebliebener und empathieloser Rohling beschrieben.

Gutachter bescheinigten Marc H. im Verlauf des Prozesses einen massiven Mangel an Emotionalität und Mitgefühl. Dennoch wurde er als nicht sadistisch veranlagt angesehen. Auch sei der Täter wohl nicht pädophil, sondern habe sich wahrscheinlich allein deshalb an Kindern vergangen, weil diese leichte Opfer für ihn waren. Kriminalistisch außergewöhnlich ist im Fall von Marc H. die Tatsache, dass er sowohl Mädchen als auch Jungen sexuell missbrauchte und tötete. Da mehrere Fachgutachten den Täter als nicht psychisch krank einstuften, galt er als voll schuldfähig.

Auch weitere ungeklärte Morde könnten von Marc H. verübt worden sein. Noch in der Untersuchungshaft soll er die Ermordung einer älteren Dame in Attendorn angedeutet haben. Dort verschwand im Jahr 1994 tatsächlich eine 86-jährige Frau. Der Fall blieb jedoch bisher ungelöst. Gegenüber einem Mithäftling soll Marc H. außerdem die Ermordung der zehnjährigen Adelina im Juni 2001 in Bremen gestanden haben. Die Polizei führte ihn aufgrund dessen im September 2005 zur Fundstelle der Leiche. Dies führte jedoch nicht, wie erhofft, zu einem plötzlichen Geständnis. Marc H. soll hinter Gittern noch sechs weitere Sexualmorde gestanden haben: Die Opfer seien zwei ältere Frauen, zwei Anhalterinnen sowie zwei Kinder in Ostdeutschland. Der Täter behauptete jedoch, er habe diese Taten nur erfunden, um mit ihnen vor anderen Gefängnisinsassen zu prahlen. In der Haft in Oldenburg gestand H. einem Gutachter gegenüber zudem die Vergewaltigung von zwei Frauen.

In anderen bisher ungeklärten Mordfällen konnte Marc H. jedoch als Mörder ausgeschlossen werden. Dazu zählte das Verbrechen an der achtjährigen Johanna aus Ranstadt-Bobenhausen in Hessen. Sie war am 2. September 1999 verschwunden – ihre Leiche fand man sieben Monate später. Wie am 26. Oktober 2017 bekanntgegeben wurde, konnte jedoch ein teilgeständiger Tatverdächtiger festgenommen werden.

Auch die Schullandheim-Morde, für die Marc H. als Täter infrage kam, konnten zweifelsfrei dem „Maskenmann“ angelastet werden, über den in Kapitel 2 berichtet wurde.

Den Ermittlern in den Fällen der ermordeten Kinder Levke und Felix wurden zahlreiche Fehler vorgeworfen. So hätten bereits fast zwei Monate vor dem Tod von Felix mehrere Zeugenaussagen gegen Marc H. bezüglich der Ermordung Levkes vorgelegen. Eine Bekannte von Marc H. habe am 7. September auf einer Silberhochzeit einem anwesenden Polizeibeamten gesagt, dass es sich bei diesem um Levkes Mörder handeln könnte. Sie verwies dabei außerdem darauf, dass Marc H. bereits in seiner Vergangenheit als Vergewaltiger verurteilt worden sei. Am folgenden Tag machte sie eine offizielle Aussage bei der Polizei. Die ermittelnden Behörden wiesen die Vorwürfe später zurück.

Günter König-Kruse, der ehemalige Sprecher der Sonderkommission „Soko Levke“, gab im Mai 2010 gegenüber der „Nordsee-Zeitung“ zu, dass Videoaufzeichnungen von Marc H. zu spät ausgewertet worden seien. So sei der Kindermörder am 13., 16. und 29. Juni auf den Parkplatz zurückgekommen, auf dem er Levkes Schulranzen und Jacke entsorgt hatte. Die von der Polizei aufgestellten Videokameras filmten den Täter somit bereits rund vier Monate vor dem Verschwinden von Felix. Doch erst drei Wochen nach dessen Tod kam es am 29. November zu einem Aktenvermerk bezüglich dieser Videoaufzeichnungen.

II.

Kriminalfälle im Raum Hamburg

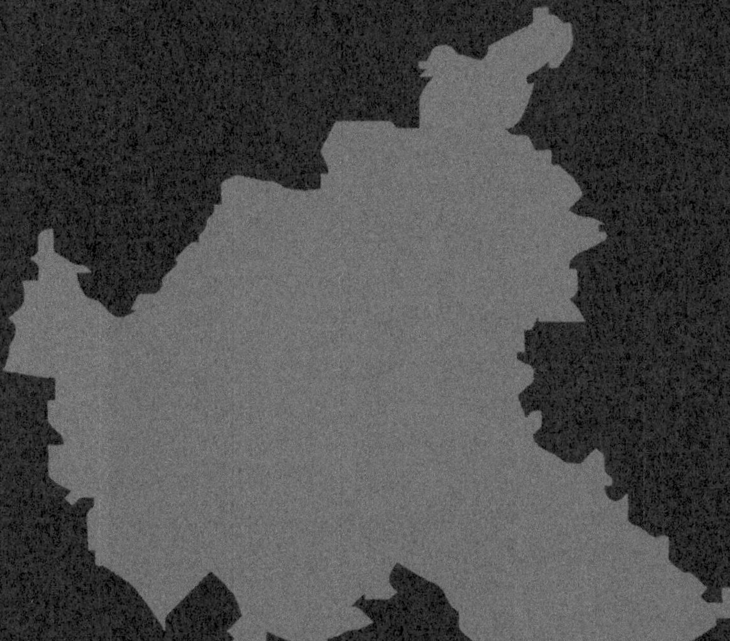

1.

„Raubmord in der Eisenbahn“

Der Fall Thomas Rücker (1906)

Trotz aller wissenschaftlichen Fortschritte stehen auch Psychologen bei manchen Verbrechen vor einem Rätsel. Wenn man sich in ein leeres Eisenbahnabteil zweiter Klasse in einen Nahverkehrszug setzt, der fast alle zehn Minuten hält, so wird man sicherlich nicht vermuten, dass ein Mitreisender in der Absicht einsteigen könnte, bei passender Gelegenheit einen Raubmord zu begehen. Auf diesen ungeheuerlichen Gedanken wird man umso weniger kommen, wenn der Mitreisende, der kurz vor Abfahrt des Zuges das Abteil betritt, ein junger, elegant gekleideter, etwa siebzehnjähriger Mensch mit wahrem Engelsgesicht ist.

Der Altonaer Zahnarzt Claußen fuhr jeden Samstagnachmittag zu seiner in Blankenese gelegenen Villa, um dort mit Frau und Kindern das Wochenende zu verbringen. Auch am Samstag, dem 10. November 1906, erreichte Claußen den Altonaer Hauptbahnhof, um mit dem um 3.33 Uhr nachmittags abgehenden Zug zu seiner Familie zu fahren. Der Zug war nur mäßig besetzt. Das Abteil zweiter Klasse, in dem er Platz genommen hatte, war leer. Claußen freute sich zweifellos, seine Frau und Kinder nach sechstägiger Abwesenheit wiederzusehen. Nicht minder groß dürfte die Freude von Frau und Kindern gewesen sein, die mit Ungeduld den Gatten und Vater erwarteten. Dass Claußen in diesem Abteil das Opfer eines Raubmörders werden würde, konnte niemand ahnen. Es war ja außer ihm niemand dort.

Kurz vor Abfahrt des Zuges stieg noch ein recht sympathisch wirkender junger Bursche ins Abteil und setzte sich mit freundlichem Gruß dem Zahnarzt gegenüber. Die feinen Umgangsformen des jungen Mannes ließen darauf schließen, dass er den besseren Ständen angehörte. Der Zahnarzt erwiderte den Gruß, ließ sich aber in seiner Zeitungslektüre nicht stören. Argwohn konnte er gegen den netten Jungen, dessen schöne blaue Augen so unschuldig in die Welt sahen, nicht hegen. Und dennoch hatte sich dieser auffallend schöne Mensch den Zahnarzt als Opfer ausersehen. Er verbarg ein Beil in seiner Tasche, das seine Wirtsleute zum Holzspalten benutzten. Der Zahnarzt war ihm vollständig fremd. Auch war der junge Mann keineswegs ein hartgesottener Verbrecher, sondern bis zu diesem verhängnisvollen Augenblick ein anständiger Mensch gewesen. Aber er hatte Hunger und – wie er behauptete – seit mehreren Tagen nichts mehr gegessen. Das hatte ihn auf den furchtbaren Gedanken gebracht, zum Bahnhof zu gehen, sich eine Karte zweiter Klasse bis Klein Flottbek zu lösen und sich dann ein Abteil auszusuchen, in dem ein einzelner, wohlhabender Mann saß. Zahnarzt Claußen erschien ihm als Opfer geeignet. Einige Schläge mit dem Beil mussten genügen, um den noblen Herrn zu töten. Die Gelegenheit war günstig, aber gleichgültig war dem jungen Mann sein schreckliches Vorhaben dennoch nicht. Er griff in die Tasche, um das Beil hervorzuholen. Doch da traten ihm Bilder seiner Eltern und seines einzigen Bruders vor seine Augen. Einen Augenblick lang schwankte er, dann aber plagte ihn erneut der Hunger und er dachte: „Nur einige wohlgezielte Hiebe und du bist in der Lage, dein Opfer zu berauben."

An der Haltestelle Groß Flottbek stieg niemand in den Zug ein. Das Ticket des jungen Mannes würde ihn nur noch bis zur nächsten Station, Klein Flottbek, bringen. Für eine längere Fahrt fehlte ihm das Geld. So musste er rasch handeln. Nicht ahnend, in welcher Gefahr er schwebte, las der Zahnarzt Claußen gemütlich seine Zeitung. Da sprang der junge Mann plötzlich auf und versetzte dem älteren Mann fünf kräftige Hiebe mit einem Beil, das er in seiner Hosentasche versteckt gehalten hatte. Schon die Wucht des ersten Schlages war tödlich. Die weiteren Angriffe zertrümmerten den Schädel des Arztes und verspritzten dessen Inhalt im gesamten Abteil. Nachdem sich der Täter sicher war, dass sein Opfer nicht mehr am Leben war, nahm er Geldbörse, Kette und Uhr des Toten an sich.

An der nächsten Haltestelle verließ der blutbesudelte junge Mann rasch den Zug. Einem misstrauischen Schaffner erklärte er sein Äußeres mit starkem Nasenbluten. Aufgrund seiner sonst so harmlosen Erscheinung schöpfte der Bahnbeamte keinen Verdacht und ließ ihn ziehen. In der Bahnhofstoilette säuberte der junge Mann seine Kleidung notdürftig und untersuchte das Diebesgut. Zufrieden kam er zu dem Schluss, von dieser Beute lange zehren zu können. Er lebte vegetarisch und abstinent und ernährte sich meist von Wasser und Brot. Wenn er es sich leisten konnte, gönnte er sich auch einmal einen Apfel. Nach dem Raubmord hatte er nun mehr als genug Geld, um sich ein karges Mahl zu leisten. Alkoholische Getränke mied er grundsätzlich und hatte noch nie ein Wirtshaus betreten. Auch der intime Umgang mit Frauen war ihm bis dahin vollständig fremd.

Sehr bald erreichte er seine Wohnung in Altona zu Fuß. Das Beil, das seine Wirtsleute noch nicht vermisst hatten, legte er wieder an dieselbe Stelle, von der er es fortgenommen hatte. Nachdem er sein frugales Abendessen eingenommen hatte, versuchte er zu schlafen. Doch er fand keine Ruhe: Sein unglückliches Opfer kam ihm unentwegt in den Sinn. Er begann heftig zu weinen. Der Gedanke, dass er zum Raubmörder geworden war, dass er ewige Schmach und Schande über seine Familie gebracht hatte und womöglich entdeckt werde, ließ ihn nicht zur Ruhe kommen.

Kaum hatte der Mörder den Bahnhof in Klein Flottbek verlassen, da wurde das entsetzliche Verbrechen entdeckt. Schaffner hatten aus dem Abteil Blut sickern sehen. Der Verdacht der Täterschaft fiel sofort auf den jungen Menschen, der bluttriefend in Klein Flottbek ausgestiegen war. Das Verbrechen erregte begreiflicherweise größtes Aufsehen. Noch am gleichen Abend suchte die Polizei die weitere Umgebung fieberhaft ab, um den Täter zu finden. Es wurde sofort ein öffentlicher Aufruf erlassen, in dem eine genaue Beschreibung des Mörders enthalten war. Eine Belohnung von 1.000 Mark wurde auf seine Ergreifung ausgesetzt. Den Wirtsleuten des jungen Mannes fiel die Beschreibung auf. Die Wirtin sagte zu ihrem Mann: „Weißt du, diese Beschreibung passt genau auf unseren Untermieter." „Wie kannst du so etwas sagen?", versetzte ihr Mann unwillig. „Der junge Mensch ist doch so solide und der Sohn sehr anständiger und begüterter Eltern."

Am Sonntagmorgen, dem 11. November 1906, trat die Wirtin des Mörders zu ihm ins Zimmer. Der junge Mann, der sich die ganze Nacht ruhelos auf seinem Lager herumgewälzt hatte, war gerade eingeschlafen. „Herr Rücker, es ist Zeit zum Aufstehen!", rief die Wirtin. „Die Kirchenglocken läuten bereits." Ängstlich schnellte dieser auf und rieb sich schlaftrunken die Augen. „Haben Sie schon von dem furchtbaren

Raubmord gehört, der gestern Nachmittag im Eisenbahnzug zwischen Altona und Klein Flottbek passiert ist?“, fragte die Frau. „Es herrscht eine furchtbare Aufregung in der Stadt. Auf die Ergreifung des Mörders ist eine Belohnung von 1.000 Mark ausgesetzt worden!“

Der junge Mann wurde leichenblass und vermochte kein Wort herauszubringen. Er sprang aus dem Bett und kleidete sich eilig an. Fiebernd vor Angst riss er die Fenster auf. Da sah er mehrere Menschengruppen, die sich über den entsetzlichen Raubmord im Eisenbahnabteil lebhaft unterhielten. Eine dichte Menschenschar umlagerte eine öffentliche Anschlagsäule. Darauf prangte ein großes, feuerrotes Plakat, vom Altonaer Polizeipräsidenten unterzeichnet. Es enthielt eine genaue Mitteilung von dem Raubmord im Eisenbahnabteil und eine ausführliche Beschreibung des mutmaßlichen Mörders, auf dessen Ergreifung man 1.000 Mark Belohnung ausgesetzt hatte.

Rücker schlug die Fenster zu und lief ruhelos im Zimmer auf und ab. Dann kleidete er sich vollständig an und verließ das Haus. Ziellos irrte er in den Straßen Altonas und Hamburgs umher. Bei jedem Polizisten, der sich ihm näherte, erschrak er. Da fasste er den Entschluss, in ein Wirtshaus zu gehen. Es war das erste Mal in seinem Leben. Kaum hatte er an einem Tisch Platz genommen, da gesellten sich drei Altersgenossen zu dem sympathisch aussehenden jungen Mann. Obwohl er nur mit Widerstreben das bestellte Bier trank und einige Brötchen aß, ließ er sich von seinen „Freunden“ überreden, es noch mit einigen weiteren Schoppen zu versuchen. Der ungewohnte Alkoholgenuss berauschte ihn.

Mit dem geraubten Geld bezahlte er für sich und seine neuen Freunde die Zeche. Als die jungen Leute bei dieser

Gelegenheit merkten, dass der junge Mann im Besitz vielen Geldes war, wussten sie ihn zu überreden, mit ihnen ein Bordell aufzusuchen. Doch auch dadurch kam er nicht auf andere Gedanken.

Am Dienstag, dem 13. November, pochte es heftig an Rückers Tür. Der alte Altonaer Polizeiinspektor Engel und drei Schutzleute betraten das Zimmer. Sie weckten den jungen Mann, nötigten ihn, sofort das Bett zu verlassen und sich anzukleiden. Dann befestigten sie ihm mit einer eisernen Kette die Hände auf dem Rücken und führten ihn zur Polizeiwache.

Nach anfänglichem Leugnen gestand der junge Täter, den Raubmord im Eisenbahnabteil begangen zu haben. Er gab an, dass er Thomas Rücker heiße. Er sei am 28. Dezember 1888 in Hermentitz in Böhmen geboren und katholischer Religion. Sein Vater sei Baumeister und ein wohlhabender Mann. Dieser wohne jetzt in Reichenberg in Böhmen, auch seine Mutter lebe noch. Er habe nur noch einen jüngeren Bruder, der das Gymnasium in Reichenberg besuche. Rücker gab an, dass er vorgehabt habe, Theologie zu studieren, das Lernen ihm aber zu schwergefallen sei.

Deshalb sei er bei einem Reichenberger Gärtner in die Lehre getreten. Der Vater habe ihm auch Musikunterricht geben lassen. Er besitze eine wertvolle Geige, auf der er vorzüglich spielen könne. Als Gärtnergehilfe habe er jedoch keine Arbeit gefunden und so habe er sich mit einer Anstellung in einer Hamburger Eisenwarenhandlung gegen einen Wochenlohn von 20 Mark begnügt. Da er Vegetarier und Antialkoholiker sei, habe er mit diesem Wochenlohn sehr gut auskommen können. Nach einiger Zeit habe er aber auch die Stellung in der Eisenwarenhandlung wieder verloren und in der Folge überhaupt keine Beschäftigung mehr gefunden. Das wenige Geld, das er noch besessen habe, sei bald zu Ende gegangen. Er habe sich daher nicht einmal mehr Schrotbrot leisten können, sodass er tagelang gehungert habe. Seinen Vater um Geld zu bitten, habe ihm widerstrebt, weil er sich geschämt habe. Als er nun eines Nachts vor Hunger nicht habe einschlafen können, sei ihm der entsetzliche Gedanke gekommen, den Bahnhof aufzusuchen, um dort nach einem wohlhabenden, allein reisenden Mann Ausschau zu halten, sich zu ihm ins Abteil zu setzen, ihn bei passender Gelegenheit mit einem Beil zu erschlagen und dann zu berauben. In den letzten drei Tagen vor dem Mord habe er kein Stückchen Brot mehr zu essen gehabt. Den Zahnarzt habe er sich bereits als Opfer ausersehen, als er auf den Bahnhof gekommen sei.

Mit Rücksicht auf den Umstand, dass Thomas Rücker zur Tatzeit noch nicht einmal 18 Jahre alt war, konnte er nicht vor die Geschworenen gestellt werden. Am 19. Januar 1907 hatte er sich vor der Altonaer Strafkammer wegen Mordes und Raubes zu verantworten. Der jugendliche Raubmörder, der, die Hände auf den Rücken gebunden, auf die Anklagebank geführt wurde, machte nicht nur durch seine stattliche Figur und sein hübsches Gesicht, sondern auch durch seine guten Manieren, die Vornehmheit seines Auftretens, seine angenehme Stimme und seine gewählte, akzentfreie Sprache einen denkbar günstigen Eindruck. Es war schwer, sich bewusst zu machen, dass dieser junge Mann ein kaltblütiger Raubmörder war.

Die Ärzte diagnostizierten jedoch, dass der Angeklagte zur Tatzeit nicht an geistiger Störung gelitten habe, auch seine freie Willensbestimmung sei nicht ausgeschlossen gewesen. Im Verlauf der Verhandlung erschienen dann die zwei Freudenmädchen, mit denen Rücker am Sonntag nach dem Mord verkehrt hatte, als Zeuginnen. Sie gaben an, dass sie den Jungen für homosexuell veranlagt gehalten hätten.

Das Gericht verurteilte den Angeklagten zur Höchststrafe von 15 Jahren Gefängnis. Nur wegen seines jugendlichen Alters und mit Rücksicht auf seinen bisherigen einwandfreien Lebenswandel wurde gegen ihn nicht die Todesstrafe verhängt.

2.

„Der Blaubart von Hamburg“

Der Fall Fritz Honka (1970–1975)

Im Sommer 1975 sorgten in Deutschland die Verbrechen Fritz Honkas für Schlagzeilen. So schrieb das Wochenmagazin „Der Spiegel“ zynisch: „Ein vierfacher Frauenmord in Hamburg half der örtlichen Boulevardpresse, die Sommerflaute zu überbrücken.“ (Nr. 31/1975)

Die Medien stürzten sich auf den Fall und gaben dem Täter makabre Spitznamen wie „Blaubart von Mottenburg“, „Mörder mit dem Menjoubärtchen“ oder schlicht „Massenmörder Honka“.

Knapp ein Jahr später, als gegen Honka vor dem Schwurgericht Hamburg verhandelt wurde, war es Deutschlands prominentester Strafverteidiger Rolf Bossi, der erneut dazu beitrug, dass die Auflagenhöhen explodierten: Er versuchte, für seinen Mandanten einen Freispruch und die Einweisung in eine Anstalt zu erreichen. Er sollte nur teilweise Erfolg haben, vor allem weil es sehr lange dauerte, bis die Verteidigung zu einem einheitlichen und wirkungsvollen Konzept fand.

Honka konnte nur aufgrund eines Zufalls überführt werden: Am 17. Juli 1975 brannte es in einem Stockwerk unter seiner Dachwohnung. Als die Feuerwehr seine Behausung nach Brandnestern durchsuchte, fand sie darin die sterblichen Überreste von vier Frauen. Zwei Wochen nach seiner Festnahme gestand Honka, dass er diese zwischen den Jahren 1970 und 1975 ermordet hatte. Später widerrief er die Aussage.

Äußerlich schien Honka nicht dem Erscheinungsbild zu entsprechen, das man mit einem Serienmörder assoziieren mag. Mit nur 1,68 Metern Größe und einem schmächtigen, fast zierlichen Körperbau wirkte er auf den ersten Blick eher harmlos.

Honka erlebte bereits in seinen frühen Jahren viel Leid. Sein Vater kam aufgrund seiner angeblichen kommunistischen Gesinnung in ein Konzentrationslager. Da die Mutter nicht imstande war, ihre neun Sprösslinge allein großzuziehen, wurde Honka in ein Lager für Kinder von KZ-Häftlingen gebracht. Direkt im Anschluss kam er gleich in das nächste Lager. Nun sollte er eine Maurerlehre beginnen, was allerdings aufgrund seiner Zementallergie nicht möglich war. In seiner Verzweiflung versuchte er, sich umzubringen, konnte jedoch im letzten Augenblick davor bewahrt werden. Anschließend gelang ihm die Flucht in den Westen.

Sein Sexualleben entwickelte sich nicht ohne Schwierigkeiten. Honka schilderte vor Gericht verschiedene Vergewaltigungen. Einmal sei er von einem jungen Mann „sexuell missbraucht" worden, ein anderes Mal von drei Mädchen, die „einfach aus dem Busch" gesprungen seien. Trotzdem antwortete er auf die Frage des Richters nach seiner sexuellen Veranlagung: „Ich würde mich als ganz normal bezeichnen. Ich stehe nicht auf Brutalität oder Gewalt. Gewiss, ich mache verschiedene sexuelle Spiele, aber ich habe niemanden im Sexrausch umgebracht, das muss ich doch sehr bezweifeln."

Honka fand Arbeit bei Bauern, die ihn jedoch nach eigenen Angaben nur sehr schlecht bezahlten und brutal behandelten. Sein bereits zuvor unansehnliches Äußeres wurde durch eine Reihe von Unfällen weiter entstellt. Nach seinem Umzug nach

Hamburg lernte er eine junge Frau kennen, die daraufhin behauptete, er habe sie geschwängert. Honka ließ sich offiziell als Vater eintragen und fand erst später heraus, dass er belogen worden war. Schließlich heiratete er, doch die Ehe stand unter keinem guten Stern, da seine Frau sehr viel trank. Bald wurde auch er zum Trinker und es kam zur Scheidung. Eine zweite Ehe zerbrach ebenfalls, wonach Honka für längere Zeit allein in Hamburg-St. Pauli lebte.

Schließlich suchte er wieder Anschluss, diesmal aber im „Milieu“. Fortan waren es nur noch abgetakelte Fünf-Mark-Dirnen, die der Nachtwärter mit in seine Dachwohnung an der Zeißstraße nahm, um wenigstens für ein paar Stunden Vergessen zu finden.

„Ich wollte jemanden zum Reden haben“, sagte Honka, als ihn der Richter fragte, weshalb er ausgerechnet solche Frauenbekanntschaften gesucht habe. „Meine Ehe war kaputt und der Sohn kam nur noch, wenn er Geld brauchte. Mir war oft, als würde mir die Decke auf den Kopf fallen …“

Ein paarmal suchte der Einsame neue eheähnliche Verbindungen. Einige Wochen lebte er mit Anni Wachtmeister, dann mit Irmgard Albrecht zusammen, doch auch diese beiden Beziehungen hatten keinen Bestand.

Nun begann das, woran er in der Verhandlung „keine Erinnerung“ mehr hatte, wovon er nicht wusste, wie er das „irgendwie ausdrücken“ sollte. In vier Fällen erwachte er neben dem Leichnam einer Frau. Dabei gab Honka vor, sich nicht im Detail daran erinnern zu können, wie und warum er gemordet hatte.

So war das Gericht darauf angewiesen, die Verbrechen zu „rekonstruieren“, was erhebliche Mühe – vor allem aber zahlreiche Zeugenbefragungen – erforderte. Erst nach mehreren

Wochen konnte der aufsehenerregende Prozess zum Abschluss gebracht werden.

Gertrud Breuer war demnach sein erstes Opfer, Anna Beuschel, Frieda Roblik und Ruth Schulz hießen die anderen Frauen, die er getötet hatte. Der Tathergang war fast immer der gleiche und als beispielhaft mag ein entsprechender Protokollauszug gelten:

„Anni Wachtmeister, meine damalige Gefährtin, hat die Breuer mit in die Wohnung gebracht. Als ich um halb acht Uhr früh von der Schicht heimkam, saßen beide auf der Couch, fast nackt. Die Frauen hatten schon zwei Flaschen Kognak getrunken. Nach der dritten fiel die Wachtmeister vom Stuhl. Ich schleppte sie ins Schlafzimmer und feierte mit der Breuer weiter. Es kam zu Schmusereien. Dann hat die Breuer einen Blutsturz gehabt, am nächsten Tag war sie tot."

„Wie?"

„Herr Richter, ich weiß es nicht. Ich habe mir die letzten 16 Monate im Gefängnis den Kopf zerbrochen; Sie können mir den Schädel aufschlagen, ich kann keine Erklärung finden."

„Wo setzt denn Ihre Erinnerung wieder ein?"

„Am Morgen, als ich aufwachte. Da lag die Breuer tot auf der Matratze."

Die Leiche zerstückelte er, die Reste beseitigte er in einer Abseite.

Vom zweiten Opfer wusste Honka nicht mal mehr den Namen. „Ich habe sie abends in den Elbschlosshallen auf St. Pauli kennengelernt. Wir haben mehrere Flaschen zusammen getrunken. Sie ging mit mir in die Wohnung. Ich weiß nicht, ob sie zwei oder vier Tage geblieben ist. Die Frau war furchtbar schmutzig, auch mit der Liebe ging nichts. Sie hatte keine Lust und lag da wie ein Brett. Jeden Tag trank sie mir zweieinhalb Flaschen Korn weg. Ich wollte sie rausschmeißen.“

Doch zuvor gab es erst einmal Streit. „Ich muss da ihren Kopf genommen und zwei-, dreimal gegen den Kühlschrank geschmissen haben, damit sie aufhört, zu schimpfen.“

Honka sah, wie die Frau aus Mund und Nase blutete. „Ich hab mich in den Sessel gesetzt und noch mal einen getrunken und dann bin ich eingeschlafen. Als ich aufwachte, lag die Frau noch genauso da, bloß tot.“

Die Leiche verschnürte er und verstaute sie anschließend in einer Luke. An die dritte Tote erinnerte sich Honka sofort: „Die war aus dem Goldenen Handschuh“, erklärte er. „Die Frau kam zu mir und fragte, ob ich einen ausgeben würde. Wir tranken bis zum Morgen, dann gingen wir zu mir nach Hause. Sie sagte danach: ‚Ich bin eine Nutte und du musst mir Geld geben.‘ 200 Mark habe ich dieser Frau gegeben.“ Trotzdem prügelten sie sich. „Was dann weiter passiert ist, weiß ich nicht.“ Abends um 18 Uhr wachte Honka aus seinem Rausch auf und sah auch diesen Gast tot am Boden liegen.

Bei der Beseitigung der Leiche verfuhr er wie mit seinem ersten Opfer. Zu seinem letzten Mord befragt, erklärte Honka zögernd: „Diese Frau habe ich kennengelernt, als ich auf St. Pauli die Nachtvorstellung eines Kinos besuchen wollte. Wir sind nach Hause gegangen, sie blieb drei Wochen bei mir. Dann schimpfte sie mich einen Zuhälter, Penner und sagte, sie hätte mir die Syphilis angehängt. Dann schlug sie mir eine Kornflasche auf den Kopf. Ob ich zurückgeschlagen habe, weiß ich nicht mehr. Ich stellte nur fest, dass sie plötzlich tot war. Ich muss die Leiche dann zerstückelt, in Plastiksäckchen verpackt und in einer anderen Abseite versteckt haben …“

Im Verlauf des Prozesses versuchte der Angeklagte, als strafmildernd geltend zu machen, dass er des Öfteren von dem englischen Frauenmörder Jack the Ripper den Befehl erhalten habe, diese Frauen umzubringen und zu zerstückeln. Der „Ripper" befahl ihm angeblich sogar, noch weitere Frauen umzubringen: Auch Honkas kurzfristige Lebensgefährtin Irmgard Albrecht sollte auf Befehl des angeblichen Geistes erwürgt werden. Doch diese Frau sei noch „rechtzeitig abgehauen".

Die gerichtspsychiatrischen Sachverständigen ließen sich nicht beirren. Für die Annahme, Honka habe seine Taten in geistiger Umnachtung begangen, sei eventuell sogar schizophren und damit schuldunfähig, ergaben sich letztlich keine Anhaltspunkte. In einem 169-seitigen Gutachten gingen sie davon aus, dass die Persönlichkeitsentwicklung des Angeklagten als hoch abnorm zu bezeichnen war. Diese Entartung und sittliche Verderbtheit des Frauenmörders habe zwei Wurzeln gehabt: den Alkohol und den Sexualtrieb. Während der Alkohol zu einem klaren Persönlichkeitsabbau und zu weiteren organischen Folgeerscheinungen geführt habe, habe sich der verhängnisvolle Sexualtrieb bis hin zur Nekrophilie gesteigert – also zur Neigung, sogar an Leichen sexuelle Handlungen zu begehen.

Dennoch war der Angeklagte für seine Taten voll verantwortlich. Das Gericht, das sich weder durch die psychiatrischen Sachverständigen noch durch die Verteidigung hatte irritieren lassen, stimmte schließlich im Dezember 1976 für 15 Jahre Freiheitsstrafe und Unterbringung in einem psychiatrischen Krankenhaus: wegen Mordes in einem und Totschlags in drei Fällen. Unstreitig war dieses Ergebnis allerdings dem Plädoyer der Verteidigung nähergekommen als dem Strafantrag der Anklage. Dem Wahnsinn nahe, starb Honka schließlich 1998 63-jährig in der Hamburger Nervenklinik Ochsenzoll.

3.

„Der Heidemörder“

Der Fall Thomas H. (1987–1989)

Der 1966 geborene Thomas H. ist ein deutscher Serientäter, der als „Heidemörder“ bekannt wurde.

Wenn er „Lust“ empfand, wurde der gelernte Grafiker zur tödlichen Gefahr. Zwischen 1987 und 1989 hat H. drei Frauen in und südlich von Hamburg vergewaltigt, gequält und zerstückelt. Andrea Grube-Nagel wurde sein erstes Mordopfer. Am 25. November 1987 begegnete der 21-jährige H. der gleichaltrigen Studentin und zwang sie mit einem Messer, das er ihr an den Hals setzte, mit in seine Mansardenwohnung in Hamburg-Blankenese zu kommen. Dort vergewaltigte er die junge Frau, quälte sie und erdrosselte sie dann mit einem Kabel. An einem Feldweg in der Nähe von Kaltenkirchen legte er den verstümmelten Körper ab, der ein paar Tage später von Arbeitern zufällig entdeckt wurde. Der Täter konnte trotz zahlreicher Spuren, die er hinterlassen hatte, zunächst nicht ermittelt werden.

Im Mai 1988 landete Thomas H. dennoch vor dem Amtsgericht Hamburg-Wandsbek: Die Polizei hatte ihn wegen der Vergewaltigung einer 19-Jährigen im Januar des gleichen Jahres festgenommen, die er auf offener Straße überfallen und in seine Wohnung gezerrt hatte. Weil die junge Frau alles über sich ergehen ließ, wurde der Vergewaltigungsvorwurf fallen gelassen. Dem Täter konnte demnach nicht widerlegt werden, dass er in seiner Verblendung ernsthaft geglaubt habe, sie tue das freiwillig und habe eventuell sogar Sympathie für ihn entwickelt. So bekam H. lediglich 18 Monate auf Bewährung – wegen Nötigung, Freiheitsberaubung und vorsätzlicher Körperverletzung. In der Nacht zum 11. Februar 1988 schleppte er erneut eine Frau, Petra Maaßen, in seine Wohnung und ermordete sie nahezu auf die gleiche Weise wie Andrea Grube-Nagel. Die nackte Leiche legte er auf einem Acker bei Bargfeld-Stegen.

Inzwischen war H. mit seiner Freundin von Hamburg in die Lüneburger Heide gezogen. An einem Bahnhof in Buchholz beobachtete er am 26. November 1989 die 22-jährige Kosmetikschülerin Lara Holz, die ihren Zug verpasst hatte. Er bot ihr an, sie im Auto mitzunehmen. Anschließend muss er sie brutal vergewaltigt und erdrosselt haben. Überdies hatte er ihr einen Finger und ein Augenlid abgetrennt. Fünf Tage nach der Tat wurde die Leiche an einer Kreisstraße zwischen Holm-Seppensen und Sprötze entdeckt. Die Medien sprachen fortan vom „Heidemörder“. Thomas H. geriet schnell ins Visier der ermittelnden Beamten, denn der grausam entstellte Körper der jungen Frau erinnerte diese an eine Vergewaltigung, die vor ein paar Jahren in Hamburg begangen worden war. Am 24. Dezember 1990 wurde Thomas H. als Hauptverdächtiger verhaftet. Blutspuren in einem Wochenendhaus in Holm-Seppensen, die von Lara Holz stammten, bewiesen, dass die Kosmetikschülerin dort vergewaltigt und ermordet worden war. Überdies gelang der Nachweis, dass H. die Leiche von dort zum späteren Fundort transportiert hatte.

Nachdem Thomas H. ein erstes Geständnis abgelegt hatte, attestierte ihm der Sachverständige Horn eine verminderte Schuldfähigkeit. Er erklärte aber, dass der Hirnschaden des Täters bei dieser Einschätzung nicht ins Gewicht falle. Diese

Beeinträchtigung habe jedoch im Hinblick auf seine Erziehung eine wesentliche Rolle gespielt.

Lislott Ruf-Bächtiger, eine Psychiaterin und Neurologin von der Universität Basel, bescheinigte Thomas H. eine partielle Hirnreifungsverzögerung. Als Ursache kämen perinataler Sauerstoffmangel oder Vererbung infrage. Nichtsdestotrotz verfüge der Täter über eine normale Intelligenz. Die als Zeugin befragte Mutter von Thomas H. schilderte ihre Not mit dem Jungen. Sie habe geglaubt, was man einem Kind an Zuwendung entgegenbringe, komme auch im gleichen Maße zurück. Aber nichts dergleichen sei geschehen. „Er war anders, als es in den Büchern stand", sagte sie abschließend.

Nach dem Zusammentragen weiterer Indizien wurde Thomas H. 1992 vom Landgericht Stade wegen Totschlags an Lara Holz zu zwölfeinhalb Jahren Haft verurteilt. Das Urteil wurde jedoch aufgrund von Unklarheiten in der Beweisführung vom Bundesgerichtshof wieder aufgehoben. Hierauf erging 1994 ein neues Urteil – diesmal wegen Mordes in Tateinheit mit Vergewaltigung. Es lautete auf 14 Jahre Haft und Unterbringung in einer psychiatrischen Anstalt. H. hatte sich vor Gericht als Lustmörder dargestellt, was ihm Psychiatrie statt Gefängnis einbrachte. Zudem erging seitens eines Hamburger Gerichts wegen der Morde an Andrea Grube-Nagel und Petra Maaßen ein Urteil, das auf lebenslange Haft lautete. Das zugehörige Fachgutachten beschrieb Thomas H. als einen Menschen mit unverminderten Tötungstrieben und extremer Rückfallgefahr, weshalb er im Hochsicherheitstrakt der forensischen Abteilung des Hamburger Klinikums Ochsenzoll eingesperrt wurde.

Thomas H. wurde während des Prozesses von dem Hamburger Rechtsanwalt Ladislav Anisic verteidigt, der maßgeblich dazu beitrug, dass sein Mandant ein Geständnis ablegte. Der Nebenklägervertreterin Barbara Hüsing gelang es, die Eltern der getöteten Andrea Grube-Nagel davon zu überzeugen, nicht an der Hauptverhandlung teilzunehmen. Sie erklärte, dass es der einzige Wunsch der Hinterbliebenen sei, den Mörder für immer in eine Anstalt zu bringen, damit er nie wieder ein Mädchen töten könnte. Dem gleichlautenden Antrag von Anklage und Nebenklägern entsprach das Gericht.

Thomas H. gelang am 27. September 1995 die Flucht. Ermöglicht wurde ihm diese durch die Hilfe seiner Therapeutin Tamar S., die sich in ihn verliebt hatte. Sie wurde drei Monate darauf festgenommen. Am 30. Dezember stellte sich H. der Polizei. H. und S. heirateten am 13. März 1997 in einer Hamburger Untersuchungsanstalt. Trotz der Proteste des Mörders konnte die Ehe nie vollzogen werden. Dies wurde verhindert, um seine Ehefrau zu schützen und um weitere potenzielle Fluchtversuche zu verhindern.

4.

„Der St.-Pauli-Killer“

Der Fall Werner Pinzner (1984–1986)

Werner Pinzner mag einer der ersten deutschen Auftragsmörder gewesen sein und lieferte den Stoff für einen der spektakulärsten Kriminalfälle Deutschlands. Der am 27. April 1947 geborene „St.-Pauli-Killer“ verübte zwischen 1984 und 1986 mehrere Auftragsmorde. Am 29. Juli 1986 erschoss er sich während seiner Vernehmung im Hamburger Polizeipräsidium. Mit in den Tod riss er seine Frau Jutta sowie den ermittelnden Staatsanwalt Bistry. Der auch politisch brisante Fall ist bis heute unvergessen.

Pinzner brach die Schule ohne Abschluss ab und verdingte sich zunächst für etwa zwei Jahre als Seemann. Dann heiratete er ein erstes Mal und das Paar bekam eine Tochter (1971). Die Ehe scheiterte jedoch schon bald darauf. In den folgenden Jahren arbeitete Pinzner „ganz bürgerlich“ als Gerüstbauer, Fliesenleger und Schlachter.

Als Pinzner mit mehreren Komplizen einen Lebensmittelladen ausraubte, wurde der Leiter des Geschäfts von einer Kugel tödlich getroffen. Im Jahr 1975 wurde Pinzner, der inzwischen ein zweites Mal geheiratet hatte, zu zehn Jahren Haft verurteilt. In der Justizvollzugsanstalt Fuhlsbüttel, in der er neun Jahre absitzen musste, machte er vermutlich seine ersten Erfahrungen mit Drogen. Auch lernte er bereits in seiner Zeit hinter Gittern mehrere in der Hamburger Rotlichtszene von St. Pauli aktive Personen kennen. Während eines Freigangs war er in den Raubüberfall auf einen Geldboten involviert. Seinen ersten Auftragsmord verübte er nur wenig später.

Dennoch wurde er schon bald aus dem offenen Vollzug entlassen. Innerhalb der nächsten 14 Monate verübte er Auftragsmorde an mindestens fünf Personen – möglicherweise waren es erheblich mehr. Auftraggeber war – wie sich später herausstellte – in den meisten Fällen der im Rotlichtmilieu gefürchtete Zuhälter Joseph Peter Nusser, in einschlägigen Kreisen als „Wiener-Peter“ bekannt. Werner „Mucki“ Pinzners Reputation wuchs und er wurde weithin als Auftragskiller gefürchtet. Seine Hoffnungen, aufgrund seiner Taten auch im gewinnbringenden Rotlichtgeschäft Aufnahme zu finden, zerschlugen sich aber.

Als sicher nachgewiesen gelten die Morde an Jehuda Arzi (eigentlich Hans Jenö Müller) in Kiel und den Bordellbetreibern Peter Pfeilmaier („Bayern-Peter“) in Hamburg, Dietmar Traub (genannt „Lackschuh“) in München sowie Waldemar Danner („Neger-Waldi“) und dessen Wirtschafter Ralf Kühne, beide in Hamburg. Bereits gegen Ende der 1970er-Jahre war in der Hansestadt eine spezielle Ermittlungsgruppe gegen organisierte Kriminalität eingerichtet worden: die Fachdirektion 65. Diese Einheit, die unter anderem auch mit V-Leuten und Abhörmethoden arbeitete, nahm zunehmend Werner Pinzner ins Visier, worauf sich die Ermittlungen in der Mordserie immer mehr auf diesen Mann konzentrierten. Schließlich wurde Pinzner – gemeinsam mit dem „Wiener-Peter“ und einem weiteren Komplizen – im April 1986 verhaftet. Auf seinem Sofa konnte dabei die dort liegende Mordwaffe, ein geladener Revolver der Marke Arminius, Kaliber 38, „mit zehn Zügen Rechtsdrall“, sichergestellt werden.

Bei seiner ersten Vernehmung gab Pinzner an, über elf von ihm begangene Morde aussagen zu wollen. Nach der Tat vom 29. Juli 1986 wurde aber davon ausgegangen, dass er einschließlich seines Selbstmordes insgesamt 14 Menschen getötet hatte. An jenem Tag waren Pinzner, seine Frau Jutta und seine Rechtsanwältin Isolde Oechsle-Misfeld, die eine Waffe ins Präsidium geschmuggelt hatte, welche im Slip von Jutta Pinzner verborgen gewesen war, anwesend. Während der Vernehmung ergriff Pinzner die Waffe und erschoss den Staatsanwalt Wolfgang Bistry und seine Frau. Dann telefonierte er mit seiner Tochter, der er sagte: „Wir haben es so gewollt!" Schließlich erschoss er sich selbst. Auf einem Dokument hatte er noch notiert: „Ich werde noch mal hinlangen. Die Schweine haben mich ja so geflachst. Viele Grüße, Mucki." Der Mordauftraggeber Nusser bekam zunächst „lebenslänglich", wurde aber nach Verbüßung einer zehnjährigen Haftstrafe im Jahr 2001 - unter einer neuen Identität - nach Österreich abgeschoben. Aktuell soll der inzwischen 67-jährige als „Rentner" auf Ibiza leben.

Bei dem späteren Prozess gegen die Anwältin ging der gerichtlich bestellte Gutachter davon aus, dass diese sich in der Folge schwerer Entwicklungsstörungen in Kindheit und Jugend im Rahmen der Fallbearbeitung „derartig verstrickt" habe, dass sie sich selbst nicht mehr daraus habe befreien können. Mit Urteil vom September 1991 wurde dann eine Freiheitsstrafe von sechseinhalb Jahren gegen sie verhängt. Das Gericht plädierte unter anderem nachdrücklich auf Beihilfe zum Mord, nicht aber auf fahrlässige Tötung, und trug damit dem Antrag der Staatsanwaltschaft, allerdings nicht im Strafmaß, Rechnung. Ein Berufsverbot sprach die Kammer mit dem

Vorsitzenden Richter Günther Heinsohn wegen „äußerst geringer Wiederholungsgefahr“ allerdings nicht aus.

Schon in ihrer Kindheit hatte die Anwältin Isolde Oechsle-Misfeld gelernt, nicht negativ aufzufallen. Sie scheute Auseinandersetzungen mit ihrer älteren Schwester ebenso wie mit der Mutter, zu der sie nach eigenen Angaben überhaupt kein Verhältnis gehabt hatte. Besonders von ihrem Vater wollte sie als brave Tochter wahrgenommen werden. Als die Eltern jedoch den ersten Jungen bekamen, verlor sie ihren Status als Nesthäkchen und war fortan nur noch die große Schwester. Es wurden noch zwei weitere Brüder geboren, auf die sie aufpassen musste. Längst hatte der Vater da das Interesse an ihr verloren.

Isolde wünschte sich, aus dem bedrückenden Elternhaus auszubrechen und das kleine Nienburg an der Weser hinter sich zu lassen. Mit großem Eifer konzentrierte sie sich auf die Schule und später auf das Studium in Hamburg. Mit ihrem Mann Thomas machte sie sich nach dem Abschluss rasch selbstständig. Ihr berufliches Leben verlief dabei sehr ruhig. Kollegen beschrieben sie als hektische und angespannte, aber auch nette Frau. Der größte Fall der jungen nervösen Anwältin sollte fatal enden …

5.

„Der Säurefassmörder"

Der Fall Lutz R. (1986–1988)

Zwischen den Jahren 1986 und 1988 ermordete der am 29. März 1948 geborene Lutz R. zwei Frauen auf sadistische Weise. Der als „Säurefassmörder" bekannt gewordene, sadomasochistisch veranlagte Täter könnte jedoch noch für zahlreiche weitere Morde verantwortlich sein, wie die Polizei vermutete.

Der als umgänglich und unbescholten geltende verheiratete Mann und Vater einer Tochter bewohnte am Dompfaffenweg in Hamburg-Rahlstedt ein Reihenhaus. Der gelernte Kürschner entführte am 12. März 1986 Hildegard Kößler, die Ehefrau seines Lehrherrn. Zuvor hatte er der 61-jährigen bereits Geld und Wertgegenstände in Höhe von 40.000 DM entwendet. Sein Opfer versteckte er in einem eigens dafür gebauten unterirdischen Atombunker auf seinem Grundstück. R. setzte die Frau eine Woche lang unsäglichen Qualen aus, dann erhängte und zerstückelte er sie. Die Leichenteile versenkte er anschließend in einem Säurefass, das er in seinem Garten vergrub. Nach dem Verschwinden von Hildegard Kößler erhielt die Polizei eine Postkarte: Man sollte nicht nach ihr suchen, denn sie sei freiwillig weggegangen, schrieb sie. Zum angeblichen Beweis gab sie die Nummer ihres Personalausweises an.

Am 5. Oktober 1988 beging Lutz R. an der 31-jährigen Annegret Bauer ein nahezu identisches Verbrechen. Er sperrte sie in seinem Verlies ein, räumte ihre Konten leer, folterte, missbrauchte und tötete sie und zerstückelte schließlich ihre Leiche. Diesmal dauerte das Martyrium nahezu einen Monat lang. Auch diese Leiche versenkte er in einem Säurefass, das er im Garten seines Ferienhauses in Basedow bei Lauenburg vergrub. Auch von Annegret Bauer ging bei der Polizei eine Karte ein. Sie erklärte darauf, dass sie sich entschieden habe, künftig im Ausland zu leben, „weil ihr das alte Leben nicht mehr genug geboten habe“.

Die Frau hatte jedoch einzelne Anfangsbuchstaben dicker geschrieben, die zusammengesetzt die Worte „Hilfe“ und „Lutz“ bildeten. Leider konnte die Polizei diese Botschaft jedoch erst Jahre später entschlüsseln.

Lutz R. hatte Freude daran, seine Taten zu dokumentieren: Auf Polaroid-Aufnahmen hielt er die körperliche Marter und den rasierten Kopf der jungen Frau fest. Er zwang sein Opfer zudem, die Qualen der Gefangenschaft in einer Tonbandaufnahme zu beschreiben. Zum Schluss musste sie sich von ihrem Entführer verabschieden. Kurz darauf tötete er sie.

Am 6. September 1991 entführte Lutz R. dann auch noch die 53-jährige Christa S., die neue Lebensgefährtin seines Lehrherrn. Er fesselte sie, legte sie an eine Kette und zeigte ihr perverse Sadomaso-Aufnahmen. Mit Sicherheit hatte er vor, diese Frau wie seine beiden vorherigen Opfer zu beseitigen, doch weil seine eigene Frau vorzeitig aus dem Urlaub zurückkam, sah er sich in seinen Plänen empfindlich gestört. Außerdem war sein Versuch, vom Freund der Entführten ein Lösegeld von 300.000 DM zu erpressen, fehlgeschlagen. So ließ er seine Gefangene erstaunlicherweise wieder frei, was sich als entscheidender Fehler erwies.

Am 17. September 1991 wurde Lutz. R. daraufhin verhaftet. Am 26. Mai 1992 folgte eine Verurteilung zu drei Jahren Haft wegen erpresserischen Menschenraubes von Christa S. Bei der Strafzumessung stellte das Gericht damals Folgendes fest:

„Bei dem depressiv und masochistisch veranlagten Angeklagten, der über eine erhebliche Umtriebigkeit verfügt und astrologischen Voraussagungen vertraut, lässt sich das Merkmal der schweren anderen seelischen Abartigkeit gemäß § 20 StGB im Sinne eines Zusammentreffens ungünstiger Persönlichkeitsfaktoren mit situativen Merkmalen zwar nicht verneinen, jedoch ist hierdurch mangels Zerstörung oder Erschütterung des Persönlichkeitsgefüges keine strafrechtlich relevante Verminderung der Steuerungsfähigkeit eingetreten. Die Kammer hat von der Möglichkeit der doppelten Strafmilderung Gebrauch gemacht. Bei der Bejahung des minder schweren Falles und bei der Zumessung der schuldgerechten Strafe wurde berücksichtigt, dass der Angeklagte bislang sozial eingeordnet gelebt hat und erstmals im Alter von 43 Jahren straffällig geworden ist. Nachdem seine bürgerliche Existenz und sein Selbstverständnis durch die erzwungene Aufgabe der beruflichen Tätigkeit ins Wanken geraten sind, ist es ihm nicht gelungen, beruflich wieder festen Fuß zu fassen, um den Lebensunterhalt für sich und seine Familie zu sichern. Er hat sich vielmehr in immer stärkerem Maße seiner Astrologiegläubigkeit hingegeben, die dann Auslöser dieser schweren Straftat geworden ist. Er hat kein durchgeplantes Konzept gehabt, sondern teilweise spontan gehandelt. Die Lösegeldforderung ist von ihm nicht mit Todesdrohungen verknüpft worden. Soweit es die Lage zuließ, hat er sein Opfer ‚gut' behandelt. Er hat ein Geständnis abgelegt, das allerdings erheblich eingeschränkt war und daher auch nur in diesem Umfang mildernd berücksichtigt werden konnte. Der Angeklagte befindet sich das erste Mal in Haft und leidet unter dem Verlust des bürgerlichen Ansehens, von dem auch seine Familie betroffen ist."

Weil Christa S. aber von dem unterirdischen Bunker und den Sadomaso-Fotos berichtet hatte, die Lutz R. ihr während der Gefangenschaft gezeigt hatte, wobei sie Annegret Bauer zweifelsfrei erkannt hatte („Die Frau hing nackt an einem Haken, die Beine weit gespreizt!"), ging eine neu gebildete Sonderkommission den Dingen ernsthaft auf den Grund. Zudem hatte es deutliche Hinweise auf Kontakte von Lutz R. zu den beiden verschwundenen Frauen Hildegard Kößler und Annegret Bauer gegeben.

Schließlich fand man am 1. Dezember 1992 auf dem Grundstück seines Ferienhauses bei Lauenburg ein Fass mit Salzsäure, in dem Leichenteile einer Frau schwammen. Es waren die sterblichen Überreste von Annegret Bauer. Nur drei Tage später entdeckten die Ermittler dann auf dem Grundstück von Lutz R. am Dompfaffenweg in Hamburg-Rahlstedt ein weiteres Säurefass. Darin befanden sich die Überreste von Hildegard Kößler sowie Haare und Zahngold, welche die eindeutige Identifizierung ermöglichten. Nun endlich konnte der Mörder überführt werden.

Im zweiten Prozess, der Anfang Januar 1995 begann und sich über 94 Prozesstage hinziehen sollte, beteuerte Lutz R. seine Unschuld und nannte die Morde Unfälle. Vor Gericht verlor er mehrmals die Fassung und bekam Asthmaanfälle. Er sprach von einer „Fantasieanklage" und erzählte haarsträubende Lügen. Aufgrund der unmissverständlichen Beweislage konnten ihm die grausamen Taten jedoch nachgewiesen werden.

Am 22. Mai 1996 verhängte das Landgericht Hamburg wegen Mordes an zwei Frauen, versuchten schweren Raubes in Tateinheit mit Freiheitsberaubung sowie erpresserischen Menschenraubes eine lebenslange Freiheitsstrafe mit anschließender Sicherheitsverwahrung. Lutz R. nahm das Urteil teilnahmslos entgegen.

Seit dieser Zeit verbüßt der Mörder seine Strafe in „Santa Fu", der Justizvollzugsanstalt Hamburg-Fuhlsbüttel.

6.

„Der sadistische Biedermann“

Der Fall Hans-Jürgen Sch. (1969–1984)

Der 1946 geborene Hans-Jürgen Sch. ist ein deutscher Serienmörder, der zwischen 1969 und 1984 im Raum Hamburg fünf Frauen ermordet hat. Hinsichtlich der Schuldfähigkeit waren sich die Fachgutachter nicht einig. Sch. tötete „zur Befriedigung seiner sexuellen Bedürfnisse“. Eine Frau vergewaltigte er, in drei Fällen verging er sich an den Leichen.

Angefangen hatte alles im Juni 1969. Da stieg die 22-jährige Jutta Maaß aus einem Bus in Harksheide bei Hamburg. Sch. überholte sie, ließ sie wieder an sich vorübergehen und fiel sie dann von hinten an. Er packte sie am Hals und erwürgte sie. Der Toten riss er den Schlüpfer herunter und missbrauchte sie. Dies war sein erster Geschlechtsverkehr überhaupt. Am nächsten Morgen fand man die Frau in einem Gartenbeet; Kleid und Jacke waren hochgeschoben, die Beine gespreizt. Vom Täter war nur der Abdruck einer Cordhose im weichen Boden zurückgeblieben.

Im Oktober 1969 fing er die 16-jährige Renate Brasch in Norderstedt auf dem Heimweg von einem Tanzlokal ab. Ihr Skelett wurde erst Monate später gefunden. Nächstes Opfer wurde im Juli 1970 in Hamburg-Langenhorn die 21-jährige Angela Börner, die er in der Nähe einer U-Bahn-Station überfiel. Im Oktober 1972 begegnete ihm die 15-jährige Ilse Grundwald auf dem Heimweg von der Arbeit in einem

Feinkostgeschäft. Im Wald fand man später ihre skelettierte Leiche – mit zerrissenem Slip.

In der Folge geschah zwölf Jahre lang nichts weiter. Im Februar 1984 stieg dann die Schwesternschülerin Gabriele Stender als Anhalterin in das Auto von Sch. Sie wollte eine Disco in Alveslohe besuchen. Acht Tage danach fanden spielende Kinder die Leiche im Wald. Von der rosafarbenen Cordhose war nur noch ein zerrissener Saumstreifen vorhanden.

Der Fall konnte zunächst nicht geklärt werden, schließlich wurden die Ermittlungen ad acta gelegt. Als die Mordkommission im Herbst 2011 den Fall jedoch erneut aufrollte, überprüften die Beamten Sch. und 150 weitere Männer erneut und baten um eine Speichelprobe für ein neuartiges Verfahren zur DNA-Analyse. Spezialisten des Landeskriminalamtes (LKA) war es nämlich gelungen, eine Spur von der Kleidung der Getöteten zu identifizieren. Bald darauf erfolgte eine Meldung, die die Fahnder elektrisierte: Die DNA eines Mannes stimme zwar nicht 100-prozentig mit der vom Tatort überein, wahrscheinlich sei jedoch, dass ein naher Verwandter – vermutlich dessen Bruder – der Täter sei. Schnell war damit Hans-Jürgen Sch. in den Mittelpunkt der Ermittlungen geraten. Die kleine Siedlung Henstedt-Ulzburg stand unter Schock – das gepflegte Mittelreihenhaus wirkte fortan verlassen.

Zuletzt hatte Hans-Jürgen Sch. nur etwa einen Kilometer entfernt von der Mutter seines letzten Opfers gewohnt. Der 65-jährige geschiedene Maurer aus Henstedt-Ulzburg in Schleswig-Holstein, der inzwischen Vater zweier erwachsener Töchter und mittlerweile Großvater war, war ein stiller und unauffälliger Biedermann. Über ihn war lediglich bekannt, dass er ein Fan des HSV war und seit Jahren wieder bei seiner 91-jährigen Mutter lebte, die er pflegte. An seinem BMW hatte er Vereinsaufkleber befestigt, im Inneren lagen HSV-Kissen. Täglich war Hans-Jürgen Sch. mit dem Wagen zur Arbeit gefahren. Er war bei einer Bausanierungsfirma in Hamburg beschäftigt. Sch. war seit Jahren geschieden.

Als er Gabriele Stender 1984 ermordet hatte, hatte er noch gemeinsam mit seiner Frau in einem Reihenhaus in Kaltenkirchen gelebt. Seine Töchter waren nur wenige Jahre jünger als das Opfer.

Der Druck auf den Verdächtigen war so groß, dass er das Verbrechen an Gabriele Stender bis ins Detail gestand. Dabei nannte er nach Informationen der „Norderstedter Zeitung“ auch Details, die nach einer juristischen Bewertung des Amtsgerichts Kiel zu einem Haftbefehl wegen Mordes führten. Hätte der Vorwurf lediglich auf Totschlag und Vergewaltigung gelautet, wäre Sch. wegen Verjährung frei gewesen. Unaufgefordert gestand er dann auch noch vier weitere Morde.

Vor Gericht versuchte man, sich nun ein Bild vom Leben des Hans-Jürgen Sch. zu machen. Dabei kamen vor allem die ärmliche Kindheit, der geschäftliche Misserfolg des Vaters, die beengten Wohnverhältnisse nach dem Krieg, der Spott anderer Kinder, weil er keine Kleidung zum Wechseln hatte, das Versagen in der Schule und seine Maurerlehre zur Sprache.

1964 war die Familie in eine Sozialwohnung gezogen, damals war er 22 Jahre alt gewesen. Ein Jahr danach hatte er seine Frau kennengelernt. Aus der Ehe gingen zwei Töchter hervor. Die Frau hatte sich 1988 scheiden lassen, die ältere Tochter war bei ihm geblieben. Gut 20 Jahre lang hatte Sch. dann – mit Wissen und Duldung seines Bruders – ein

Verhältnis mit seiner Schwägerin gehabt. Der einzige dunkle Fleck auf seiner nach außen hin sonst makellosen Weste war die Vergewaltigung einer Prostituierten, die er im Jahr 1994 begangen hatte und wegen der er zu einer Bewährungsstrafe verurteilt worden war. Es war ihm gelungen, diesen Vorfall vor der Familie geheim zu halten.

Ein psychiatrischer Sachverständiger bescheinigte Sch. Mängel in der Persönlichkeit, ging jedoch von voller Schuldfähigkeit in allen fünf Mordfällen aus. Hintergrund für die Verbrechen seien Kränkungen oder Frustrationen gewesen. Ein Sexualmediziner diagnostizierte bei dem Angeklagten „sadistischen Sexismus". Deshalb bescheinigte er ihm zumindest für die ersten beiden Morde „eine Minderung der Schuldfähigkeit". In den übrigen Fällen sei diese ebenfalls nicht auszuschließen.

Kriminalpolizei und Staatsanwaltschaft betonten, dass Täter und Opfer sich vor dem Verbrechen nicht gekannt hatten. Staatsanwältin Birgit Heß sprach von einer „schicksalhaften Begegnung". Dass der Mann nach seiner Scheidung nur wenige 100 Meter vom Elternhaus seines letzten Opfers entfernt nach Henstedt-Ulzburg gezogen war, sei vermutlich nur ein Zufall gewesen.

Günter Santjer vom Weißen Ring Schleswig-Holstein ging davon aus, dass die Hinterbliebenen des Opfers nach der Festnahme ein Gefühl der Genugtuung erlebt haben dürften. „Für sie ist eine quälend lange Zeit der Ungewissheit vorbei", sagte er. Gleichzeitig bestehe natürlich die Gefahr einer Retraumatisierung.

Am Schluss des Verfahrens entschuldigte sich der Angeklagte bei den Angehörigen seiner Opfer und erklärte, dass er in den vergangenen 20 Jahren zu einem anderen Menschen geworden sei. Das Landgericht Kiel verurteilte Hans-Jürgen Sch. am 8. Februar 2012 zu einer lebenslangen Freiheitsstrafe. Seine eventuelle Entlassung kann also frühestens nach 15 Jahren geprüft werden.

III.

Kriminalfälle im Raum Niedersachsen

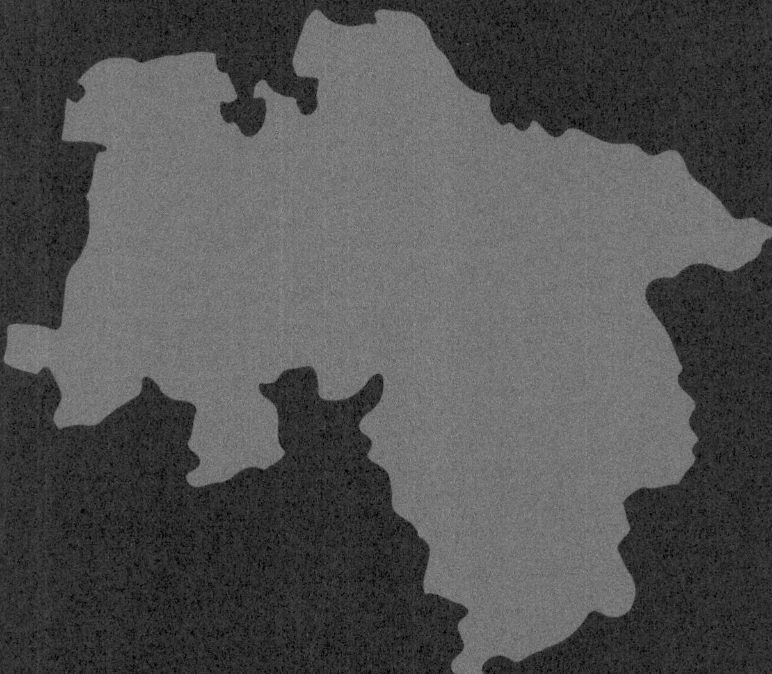

1.

„Der Schlächter von der Leine"

Der Fall Fritz Haarmann (1918–1924)

An den Pfingsttagen des Jahres 1924 fanden spielende Kinder in der Leine Menschenschädel. Nach den gerichtsärztlichen Untersuchungsergebnissen handelte es sich dabei um die Köpfe von jungen Männern im Alter zwischen 14 und 18 Jahren. Die Stadt Hannover geriet in Aufruhr.

Ein schrecklicher Verdacht veranlasste die Bürger, mit langen Stangen, Rechen und Fischernetzen zum Ufer der Leine in die Altstadt zu ziehen. Sie besetzten die kleinen Stege und Brücken des Flusses, der sich durch das Häusermeer schlängelte und fischten in dem schmutzig-trüben Wasser.

Das Ergebnis dieses ungewöhnlichen „Fischfangs" war furchtbar: Rund fünfhundert Leichenteile blieben in den Netzen hängen. Es waren die Knochen und Schädelreste von mindestens 22 Personen, wie Gerichtsarzt Medizinalrat Dr. Schackwitz mit seinen Mitarbeitern in nächtelangen Untersuchungen ermitteln sollte. Im Obduktionsprotokoll hieß es: „Alle aufgefundenen Leichenteile stammen von jungen Männern. An einigen der Schädel wurde die Kopfhaut durch einen skalpellartigen Schnitt vom Knochen abgelöst. Einige Unterkiefer wurden mit einem stumpfen Gegenstand, vermutlich einem Hammer, in mehrere Stücke zerschlagen. Das deutet darauf hin, dass weder Selbstmorde noch Unfälle vorlagen. Irgendjemand musste sehr viel Mühe und unglaubliche Rohheit darauf aufgewendet haben, die Leichenteile unkenntlich zu machen."

In einem Gespräch mit Kriminalkommissar Heinrich Rätz, dem Leiter der Hannoverschen Mordkommission, ließ der Medizinalrat keinen Zweifel daran, dass alle diese jungen Männer das Opfer eines sadistischen Sexualmörders geworden waren. Rätz wollte aber vorerst nicht an einen einzigen Täter glauben. „Nein, da irren Sie sich!", wehrte der Medizinalrat ab. „Ich halte die Beteiligung mehrerer Täter nicht für wahrscheinlich. Einmal, weil es ein fast undenkbarer Zufall wäre, wenn mehrere Sexualmörder vom Typus eines ‚Werwolfs' zur selben Zeit ihre Opfer holten, sie verstümmelten und ihre Überreste in ein und denselben Fluss werfen würden. Zum anderen gibt es einen ganz deutlichen Hinweis für meine Vermutung." Schackwitz hob einen weißen Röhrenknochen hoch, hielt ihn ans Licht und sagte: „Die Art, wie die Glieder vom Rumpf getrennt wurden, verrät in allen Fällen ein und dieselbe Handschrift! Das könnte ein Chirurg nicht besser gemacht haben – ein Schlächter auch nicht. Der Mörder muss über gewisse anatomische Grundkenntnisse verfügen. Zwei der Toten sind übrigens erst kürzlich ins Wasser geworfen worden – vor etwa zwei bis drei Wochen. Drei andere sind zwei bis drei Wochen älter. Fünf Leichen könnten nach unseren Berechnungen ungefähr weitere zwei bis drei Wochen in der Leine liegen. Daraus kann man auf einen bestimmten Rhythmus schließen. Es gibt Triebverbrecher, die unbewusst nach bestimmten Gesetzmäßigkeiten, in einem bestimmten Rhythmus, vorgehen. So scheint es auch in diesem Fall zu sein."

Kommissar Rätz war nachdenklich geworden. „Dann wird der Mörder wohl bald wieder zuschlagen", sagte er schließlich und der Medizinalrat nickte zustimmend. Die beiden sollten auf schaurige Weise recht behalten. Das nachfolgende Beispiel zeigt, wie der Mörder vorging.

Auf dem Hauptbahnhof von Hannover schlenderte ein Mann mit dunklem Schlapphut langsam auf die Sperre zu. Er war mittelgroß, auffallend gepflegt und sauber gekleidet. Ein sorgfältig gestutztes englisches Bärtchen unter seiner etwas knolligen Nase gliederte sein freundliches, rundes Vollmundgesicht. Seine kleinen grauen Augen huschten flink hin und her: Scharf musterten sie die Menschen in der Bahnhofsvorhalle, einem beliebten Treffpunkt von Schwarzhändlern und Schiebern, Zuhältern und „leichten Mädchen“.

Der Zug fuhr ein, die Türen öffneten sich und ein Strom von Reisenden überflutete den Bahnsteig. Fritz Haarmann, der „Herr Kriminal“, wie er sich gerne nennen ließ, hielt unter den Ankommenden Ausschau nach jungen Männern. Wie schon oft im Laufe der letzten vier Jahre befragte er sie nach ihrer Herkunft, sah ihre Personalausweise durch und nahm schließlich einen von ihnen mit auf die Bahnhofswache.

„Der Bursche ist aus der Fürsorge ausgebüxt“, erklärte er in einem solchen Fall dem wachhabenden Beamten. „Kümmern Sie sich um ihn!“ Der andere nickte dann für gewöhnlich, denn obwohl der „Herr Kriminal“ kein richtiger Kollege war, hatte er der Polizei schon des Öfteren als Spitzel gute Dienste geleistet. Da der Staat den Behörden in dieser turbulenten Zeit für die Aufklärung von Straftaten kaum finanzielle Mittel zur Verfügung stellte, war man auf den Revieren auf die Mithilfe solcher Leute regelrecht angewiesen.

Dass Haarmanns Hilfe indes alles andere als uneigennützig war, dass er gewissermaßen unter den Augen der

Polizei jahrelang seinen eigenen Verbrechen nachgehen konnte, ahnte zu dieser Zeit noch niemand. Von der Bahnhofswache führte Haarmanns Weg an diesem Abend zum Wartesaal der 3. Klasse, wo er in der Tür mit einem jungen Burschen zusammenstieß. Blitzschnell taxierte er ihn: Er war etwa siebzehn, hatte ein glattes, rundes Gesicht mit Brille und eine schlanke, schmalhüftige Figur. Das war der Typ, auf den der Sexualinstinkt des Serienmörders reagierte: ein hübscher, etwas weichlicher Junge mit zarter Haut.

Wie elektrisiert blieb Haarmann stehen. Dann fuhr er den anderen an: „Zeig mal deinen Ausweis. Polizei!" Der junge Mann reichte ihm seinen Pass, und der „Herr Kriminal" blätterte darin. Er las: „Erich de Vries, geboren 7. März 1907, Bäckerlehrling."

„Warum treibst du dich so spät noch herum?", fragte Haarmann barsch. Nach kurzem Zögern erzählte der Junge, dass er bei einem Onkel in Celle arbeite und nach Hannover gekommen sei, um seine Eltern in der Hildesheimer Straße zu besuchen. Er habe sie aber nicht angetroffen und deshalb noch einen kurzen Abstecher zum Bahnhof gemacht. „So, so", sagte Haarmann jetzt etwas freundlicher. Und dann fragte er lauernd: „Dann weiß also noch niemand, dass du hier bist?"

„Doch, meine Tante. Sie hat mir den Wohnungsschlüssel mitgegeben." Haarmann reichte ihm den Pass zurück. „Eigentlich müsste ich dich mit zur Wache nehmen. Aber du gefällst mir. Und wir Kriminalisten sind halt auch nur Menschen." Gönnerhaft bot er dem Jungen eine Zigarette an. „Hier – nimm! Lass dich aber nicht noch mal so spät erwischen!"

Seinem scharfen Blick entging dabei nicht, wie gierig Erich de Vries an der Zigarette zog. Schnell sagte er: „Das schmeckt wohl? Davon kannste eine Menge haben. Komm mit – ich wohne hier ganz in der Nähe!"

Der Junge überlegte kurz, dann schüttelte er den Kopf. Er fürchtete, zu Hause Ärger zu bekommen, wenn er zu spät erschien. Rasch lenkte Haarmann ein: „Muss ja nicht heute sein. Kannste auch ein andermal kriegen, deine Zigaretten. Versprochen ist versprochen – Onkel Fritz hält immer Wort!“ Berechnend fügte er hinzu: „Ich bin übrigens morgen Nachmittag wieder hier im Wartesaal.“

Die teuflische Rechnung sollte aufgehen. Denn am nächsten Tag erschien der schlanke Bäckerlehrling prompt im Wartesaal und trat an seinen Tisch. Haarmann fragte scheinheilig: „Willst wohl deine Zigaretten holen? Na, dann komm mal mit zu mir!“ Der Junge nickte und antwortete: „Ich kann aber nicht lange bleiben.“

„Macht nichts, das geht ganz schnell.“ Jovial lächelnd grüßte Haarmann nach rechts und links, während er mit seinem Opfer durch die winkligen Gassen zu seiner Wohnung in der „Roten Reihe“ Nr. 2 ging – seiner schaurigen Todeskammer.

„Onkel Fritz“, wie er sich selbst gern vorstellte, galt nämlich im schmutzigen Arme-Leute-Milieu der Altstadt von Hannover als feiner Herr. Man wusste, dass er im Polizeipräsidium ein und aus ging und zusammen mit dem Kriminalkommissar a.D. Olfermann das Detektivinstitut „Lasso“ betrieb. Auch war allgemein bekannt, dass Haarmann an seinem schwunghaften Handel mit getragener Kleidung und billigem Hackfleisch manch einen aus dem Viertel mitverdienen ließ.

Man wusste aber auch, dass er sich junger Burschen annahm, die auf der Durchreise waren und Hunger und kein Dach über dem Kopf hatten. Man munkelte allerdings, dass seine Hilfe nicht ganz selbstlos war und dass er eine homosexuelle Veranlagung hatte – und sich von den Jungen gelegentlich mit verbotener Liebe bezahlen ließ. Aber wer wollte schon einen Stein werfen, hier, wo so viele im Glashaus saßen?

Frauen bedeuteten Fritz Haarmann nichts. Seit ihn in jungen Jahren sein älterer Bruder und ein gräflicher Kammerdiener namens Adolf Meil zur homosexuellen Liebe verführt hatten, war sein sexuelles Verlangen ausschließlich auf blutjunge Männer gerichtet. Mindestens zweimal in der Woche, so stellte sich bei den späteren polizeilichen Nachforschungen heraus, brach er zu sexuellen Streifzügen auf. Dabei köderte er die jungen Burschen zwischen 14 und 18 Jahren meistens mit Zigaretten. Sein Interesse galt aber stets nur solchen, die ihm „hübsch genug" waren, wie er nach seiner Verhaftung zu Protokoll gab. So hübsch wie Erich de Vries zum Beispiel …

So erreichte Haarmann mit seinem Begleiter Erich schließlich die „Rote Reihe" Nr. 2, ein über zweihundert Jahre altes Fachwerkhaus gegenüber dem Judentempel. „Nur zu, ich wohne ganz oben", sagte „Onkel Fritz", als er sah, dass der Junge im dunklen Hausflur zögerte. Heißer Glanz funkelte in seinen Augen auf, als er hinter ihm her auf der engen, winkligen Treppe nach oben stieg.

Oben stieß Haarmann die Tür seiner Dachkammer auf. „Immer rin in die gute Stube!", rief er dabei. Arglos betrat der Bäckerlehrling die Todeskammer des Serienmörders. Es war ein düsteres, etwa sieben Quadratmeter großes Zimmer: ein Erkerfenster, schräge Wände, zwei kleine Tische und Stühle, ein Schrank, ein Wachsständer und ein altes Feldbett an der Wand. Zwischen dem Bett und einem Tisch hing ein Kochtopf mit Ketten von der Decke. An der Wand klebten

Postkarten. Alle hatten nur ein einziges Motiv: Sie zeigten schöne, schlanke, nackte Jünglinge …

Es roch muffig nach Moder, Schweiß – und Blut. Als die Mansardenhöhle Wochen später gründlich untersucht wurde, zeigte sich, dass der Fußboden, die Wand und das seegrasgepolsterte Feldbett mit Menschenblut durchtränkt waren. Erich de Vries fuhr ängstlich herum, als Haarmann hinter ihm die Tür von innen abschloss.

„Musst doch keine Angst haben, Junge!“, beschwichtigte Haarmann. „Das ist nur wegen der Nachbarn. Stehen oft einfach mitten drin im Zimmer. Meinen, sie könnten immer was abkriegen von meinem Schnaps und den Zigaretten.“ Er schob dem Lehrling einen Stuhl hin. Dann holte er Flasche und Gläser und eine Schachtel Zigaretten aus dem Schrank. Die Schachtel warf er Erich de Vries zu.

„Da haste deine Zigaretten. Aber komm, trink erst mal nen Schluck mit Onkel Fritz, bevor du nach Hause gehst! Prost, Erich!“

„Prost, Onkel Fritz …“

Haarmann wusste gut und spannend zu erzählen. Er schenkte aus der Flasche nach, bis sein junger Besucher einen Alkoholrausch hatte. Schließlich erklärte er: „Ist schon spät, Erich. Du kannst bei mir schlafen!“

Er zog den Jungen, der sich nur matt wehrte, aufs Bett, legte sich neben ihn und wie von fern spürte Erich de Vries die Hände des Mannes an seinem Körper – Hände, die ihn zunächst vorsichtig, beinahe zärtlich abtasteten …

Was sich dann – an diesem Abend des 14. Juni 1924 – in Haarmanns Wohnung abspielte, gehört zu den grausigsten Kapiteln der deutschen Kriminalgeschichte. Dieser Mann, der da in einem Anfall triebhafter Explosion über den ermatteten

Jungen herfiel, war kein Mensch mehr: Er war ein gnadenloser Killer, ein „Werwolf", eine blutgierige, reißende Bestie …

Auf eine genaue Darstellung der Haarmann'schen Lustmorde soll an dieser Stelle verzichtet werden; sie ist den Protokollen seiner Geständnisse zu entnehmen. Sein Vorgehen war dermaßen grauenhaft, dass man stählerne Nerven benötigt, um es bloß zu lesen … Ein letzter Rest von Menschlichkeit hinderte den Serienmörder daran, auch noch das Ungeheuerlichste einzugestehen: die Tatsache, dass er das Fleisch einiger Jungen verarbeitete und verkaufte, dass er es anderen Menschen vorsetzte und dass er manchmal beim Morden sogar die Halsschlagader ansog, um das warme Blut seiner Opfer zu trinken …

Viele Opfer führte Hans Grans, der homosexuelle Freund und Komplize Haarmanns, dem Mörder zu. Durch das Versagen der Polizei wurde der „Herr Kriminal" relativ lange nicht gefasst. Aber auch eine ganze Kette falscher Einschätzungen und Fehlreaktionen ermöglichte es ihm, sich sechs Jahre lang unbemerkt ein Opfer nach dem anderen zu holen und zu töten – und das mitten in der Großstadt: in einem dicht bevölkerten Viertel, in Häusern, die bis zum Bersten mit Menschen gefüllt waren.

Erst ein unglaublicher Zufall sollte ihm zum Verhängnis werden: Am Abend des 22. Juni 1924 betrat Fritz Haarmann wieder einmal sein Jagdrevier am Hauptbahnhof und suchte nach einem passenden Opfer. Kurz vor Mitternacht wurde er dabei von jemandem angesprochen: „Hallo, Fritz, ich brauch zehn Mark!"

Haarmann blickte auf und erkannte Kurt Fromm, einen 15-jährigen Fürsorgezögling, den er vor vier Tagen hier am

Bahnhof aufgelesen und mit zu sich nach Hause genommen hatte. Er hatte Zärtlichkeiten mit ihm ausgetauscht, doch die erhoffte sexuelle Erregung war ausgeblieben. Daraufhin hatte er den Jungen wütend aus seinem Zimmer geworfen. Jetzt stand dieser Fromm vor ihm und hielt die Hand auf.

„Hab kein Geld!“, knurrte Haarmann, doch der Junge ließ sich nicht abschütteln. Da machte Haarmann einen entscheidenden Fehler. Er packte Fromm am Kragen, schleifte ihn zur Bahnhofswache und erklärte den Beamten: „Der Bengel hier reist mit falschen Papieren und belästigt Passanten. Er gehört eingesperrt!“

„Du Lump!“, schrie da plötzlich Kurt Fromm und riss sich mit einem Ruck von seinem Bewacher los. „Jetzt pack ich aus! Jetzt sag ich alles, was du mit mir angestellt hast!“ Und mit dunkelrotem Kopf berichtete er, dass Haarmann ihn vier Tage in seinem Zimmer in der „Roten Reihe“ Nr. 2 eingeschlossen, geschlagen und zur Unzucht verleitet hatte.

„Und gestern Morgen, als Herr Haarmann Brot geschnitten hat“, fuhr er fort, „da stürzte er plötzlich mit einem Messer auf mich zu. Er setzte es mir an die Kehle und fragte: ‚Haste Angst vor dem Tod?‘ Ich brachte vor Schreck kein Wort heraus. Da sagte er lachend: ‚Diesmal war’s noch Spaß – aber mach, dass du wegkommst …‘“

„So ne Unverschämtheit, die kleine Giftkröte lügt!“, warf Haarmann mit seiner hohen Fistelstimme wütend ein. Die Beamten wollten nicht recht daran glauben, aber ein zufällig anwesender Kommissar vom Unzuchtsdezernat wurde bei diesem Vorfall aufmerksam und ließ „Onkel Fritz“ festnehmen. Die homosexuellen Neigungen Haarmanns waren ein offenes Geheimnis. Man wusste außerdem, dass die Mordkommission den unheimlichen Mörder der vermissten Jungen jetzt vor allem unter den Homosexuellen Hannovers suchte. Haarmann wurde wie alle Männer, die in der Kartei des Unzuchtsdezernats geführt wurden, seit einiger Zeit beobachtet – dabei hatte man jedoch nichts Auffälliges an ihm feststellen können. Die Beschuldigung des jungen Fromm aber war vielleicht ein entscheidender Fingerzeig.

Haarmann war blass, als man ihn aufs Polizeipräsidium brachte. Ob er zu diesem Zeitpunkt bereits ahnen mochte, dass sein blutiges Spiel zu Ende war? Fünf Tage lang stritt er in allen Verhören ab, mit den Leichenfunden in der Leine etwas zu tun zu haben. Seine Gönner im Präsidium, die ihn hin und wieder als Spitzel beschäftigt hatten, drängten schließlich darauf, ihn wieder freizulassen. Der Untersuchungsrichter erwog bereits diese Maßnahme, als es in letzter Sekunde zu einer entscheidenden Szene kam, die Haarmann endgültig zum Verhängnis werden sollte.

Vor dem Zimmer des Kriminalkommissars Rätz saß der Werkmeister Georg Witzel aus Hannover-Linden mit seiner Frau. Seit acht Wochen wurde der Sohn der beiden vermisst. Inzwischen wussten sie, dass er tot war, denn sie hatten ihn wiedererkannt: an einem Schädel, der am 20. Mai 1924 im Lustgarten angetrieben worden war. Anhand eines ausgebohrten, aber noch plombierten Zahns und der eigenartigen Zahnbildung konnte der Tote eindeutig identifiziert werden. Das Ehepaar war an diesem Tag von Rätz zu einer neuen Vernehmung eingeladen worden.

Plötzlich sprang die Frau auf. Sie deutete auf einen jungen Mann, der in Begleitung einer kleinen Frau mit Spitzmausgesicht an ihnen vorüberging. Sie rief: „Der trägt ja die Jacke von unserem Robert!"

„Heißen Sie etwa Witzel?", fragte der zurück.

Frau Witzel nickte verblüfft. Sie erfuhr, dass die kleine Frau mit dem Spitzmausgesicht Frau Engel – Haarmanns Hauswirtin – war. Der junge Mann war ihr Sohn Theo. „In der Hose, die zu dieser Jacke gehört, fand ich einen Ausweis auf den Namen Robert Witzel!“, sagte Theo. „Ich gab ihn Herrn Haarmann zurück, der mir den Anzug verkauft hat. Aber der hat den Ausweis zerrissen …“

Nun ging alles Schlag auf Schlag. Die Witzels brachten Frau Engel, die sich im Polizeipräsidium nach der Militärrente des verhafteten Haarmann erkundigen wollte, zu Kommissar Rätz. Der ließ den Verhafteten vorführen. Der Untersuchungshäftling sah die vielen Menschen und verbeugte sich lächelnd. „Haarmann, mein Name …“

Dann verging ihm der Spott, denn Rätz konfrontierte ihn mit den schwarzgekleideten Eltern Witzel und der Tatsache, dass man den Schädel ihres Sohnes identifiziert hatte. Hinzu kam der Sachverhalt, dass der Sohn der Frau Engel die Jacke des toten Robert trug. Zudem hatte der Schüler Kahlmeyer die Aussage gemacht, Robert am Abend des 26. April zuletzt in Begleitung Haarmanns gesehen zu haben.

In die Enge getrieben, bat Fritz Haarmann, seine Schwester zu holen. Dieser gelang es, den Bruder zu einem ersten zögerlichen Geständnis zu bewegen: Er gab zu, im „Liebesrausch“ Jungen gebissen, getötet und zerstückelt zu haben. Es dauerte noch eine Woche bis er dann mit der ganzen schrecklichen Wahrheit herausrückte. Er gab erst fünf, dann zehn, später über zwanzig Morde zu. Schließlich versuchte er gar nicht mehr zu leugnen. Nüchtern sagte er bei jedem neuen Namen eines Todesopfers: „Schreiben Sie das man dazu.“

Am 4. Dezember 1924 begann vor dem Schwurgericht Hannover der Prozess gegen den Serienmörder. Mit ihm hatte sich auch sein bereits erwähnter homosexueller Freund, der 23-jährige Hans Grans, zu verantworten. Er wurde beschuldigt, nicht nur von den Morden Haarmanns gewusst, sondern ihm „in mindestens zwei Fällen Opfer zugeführt oder zu ihrer Tötung suggestiv angetrieben zu haben, weil er die Kleidung dieser Opfer begehrte".

Haarmann, vor dessen Zelle im Untersuchungsgefängnis sich fast täglich Menschen zusammenrotteten, die erregt seinen Kopf forderten, bekam schließlich Angst vor einem Attentat. Die Menschenmasse verfolgte ihn bis in den Gerichtssaal. Er stellte deshalb den Antrag, alle Zeugen vor Betreten des Saals auf Waffen untersuchen zu lassen – was auch genehmigt wurde. Dennoch verließ ihn die Angst bis zum letzten Prozesstag nicht mehr. 200 Zeugen erschienen und 27 Mordtaten wurden ihm zur Last gelegt. Bis auf drei konnte man sie ihm einwandfrei nachweisen. Der Staatsanwalt aber schätzte die Zahl seiner Opfer weit höher ein – er ging von 114 aus. So viele Vermisstenfälle halbwüchsiger junger Männer konnten nämlich niemals aufgeklärt werden.

Die Persönlichkeit Haarmanns wurde vor Gericht durch drei medizinische Sachverständige beurteilt, die vor allem zu untersuchen hatten, ob er zurechnungsfähig war oder nicht. Das Ergebnis ihrer Gutachten lautete: Haarmann ist ein minderwertiger Mensch. Er ist intellektuell schwach begabt. Der § 51 StGB trifft auf ihn nicht zu.

Die Vorgeschichte Haarmanns – er war der Sohn eines Trinkers und einer „schwachsinnigen" Mutter – brachte allerdings zutage, dass er mit 18 Jahren in einer Irrenanstalt untergebracht war. Er litt unter Bewusstseinstrübungen und epileptischen Anfällen. Zwei Jahre vor dem Prozess wurde er wegen seines Geisteszustandes sogar zu 80 Prozent erwerbsunfähig geschrieben.

Demnach hätte es nahegelegen, Haarmann den Schutz des § 51 zuzubilligen, der eine Verantwortlichkeit des Täters ausschloss, wenn er sich zur Tatzeit „in einem Zustand von Bewusstlosigkeit oder krankhafter Störung der Geistestätigkeit befand, durch welche seine freie Willensbestimmung ausgeschlossen war“. Schon einmal, in einem Unzuchtsprozess, war ihm jedenfalls dieser Paragraph zugebilligt worden. Jetzt aber, nach der Welle von Abscheu und Empörung, die seine schreckliche Mordserie ausgelöst hatte, war kaum noch eine objektive und distanzierte Beurteilung seines Falles möglich. Die Bestie aus der „Roten Reihe“ sollte nicht in den Händen der Ärzte, sondern denen des Henkers enden.

Am 15. April 1925 wurde das Urteil gegen den Sexualmörder im Hof des Gerichtsgefängnisses von Hannover durch Scharfrichter Gröpler aus Magdeburg vollstreckt.

Die Kriminologie hat im Fall Haarmann die wichtige Erkenntnis gewonnen, dass Lustmörder von seiner Art offenbar nur sehr schwer zu entlarven sind. Nach ihren entsetzlichen Taten verwandeln sie sich nämlich wieder in stille, unauffällige Bürger, hinter deren Maske kein Mensch eine solche Bestie vermuten würde. Oft werden deshalb polizeiliche Ermittlungen selbst im konkreten Verdachtsfall nicht ernst genug durchgeführt. Es fällt dem menschlichen Verstand anscheinend schwer, die Diskrepanz zwischen dem Aussehen und sonstigen Benehmen des Täters einerseits und seiner furchtbaren Tat andererseits zu begreifen …

2.

„Mord nach Erprobung“

Der Fall Erich Siewert (1961)

Am frühen Samstagmorgen des 22. April 1961 teilte ein Fahrdienstleiter der Bundesbahn der Polizei telefonisch mit, dass auf der Bahnstrecke Hannover–Hameln, in Höhe der Kreuzung der Güterumgehungsbahn am Bornumer Holz, eine zerstückelte Frauenleiche liege. Der Fahrdienstleiter hatte diese Meldung von einem Lokführer erhalten, der diesen Streckenabschnitt kurze Zeit zuvor mit einem Personenzug befahren hatte.

Am Leichenfundort führte eine Straßen- und Eisenbahnbrücke der Güterumgehungsbahn Hannover–Seelze über die zweigleisige Bundesbahnstrecke. Aufgrund der Fundsituation konnte der Kriminalbeamte den Verdacht eines Fremdverschuldens am Tod der Frau nicht ausschließen. Er veranlasste den Einsatz der Mordkommission.

Tatsächlich entdeckten die Beamten auf dem Betriebsgleis der Strecke Hannover–Hameln die Leiche einer Frau in Bauchlage in Längsrichtung in der Mitte des Schienenpaares auf den Schwellen, sodass sie von darüberfahrenden Zügen nicht mehr berührt oder beschädigt werden konnte. Der rechte Arm war in Brusthöhe unter der Leiche angewinkelt, der linke am Körper ausgestreckt.

Die Leiche war mit Stoffjacke, Rock, Bluse, Unterkleid, Hüfthalter, Büstenhalter und Perlonstrümpfen bekleidet. Die Außenseite der Jacke wies im Bereich des linken Oberarmes und der linken Schulter größere, flächenhafte Verschmutzungen auf. Das linke Bein war in Höhe des Knies durchtrennt und hing nur an schmalen Hautresten mit dem Oberschenkel zusammen.

An der rechten Seite des Gleiskörpers verlief neben der Schotteraufschüttung ein etwa 50 Zentimeter breiter Trampelpfad. Auf diesem Pfad stand eine braune Damenhandtasche mit Tragegurt und geöffnetem Reißverschluss. Darin lagen eine braune Brieftasche mit verschiedenen Papieren und einem Zwanzigmarkschein, zwei Halstücher, ein Regencape, ein Schlüsselbund, Tempotaschentücher, Hautcreme, ein Portemonnaie mit 3,20 DM Hartgeld und ein Personalausweis, lautend auf Hedwig Schönfeld, 26 Jahre alt, wohnhaft in Hannover.

Vor und hinter der Tasche standen ein linker und ein rechter Damenschuh. Diese waren hell und hatten flache Absätze. Der linke Schuh, der nördlich der Tasche stand, lag parallel zum Gleiskörper und zeigte mit der Spitze zur Tasche. Der unmittelbar neben der Tasche auf der südlichen Seite stehende rechte Schuh zeigte mit der Spitze zum Gleis. Die Schuhe waren sauber.

Auf der Brücke waren auf der oberen abschließenden Querstange des nördlichen Geländers stellenweise Flecken unbekannter Herkunft erkennbar. Zwischen diesen Flecken verlief in ostwestlicher Richtung auf der Asphaltdecke in einem spitzen Winkel bis an die Bordsteinkante eine Schleifspur.

Aus der beim Wenden der Leiche vorgefundenen Situation und aufgrund der Verletzungen an der Leiche und der festgestellten Schmutzspuren an der Bekleidung der Toten konnte geschlossen werden, dass die Frau vor dem Überfahren in Rückenlage dicht neben der linken Schiene gelegen hatte und erst beim Überfahren und Durchtrennen des linken Beines in Bauchlage geschleudert worden war.

Wie bei jeder Leichensache, die von der Kripo zu bearbeiten ist, mussten die Beamten der Mordkommission auch jetzt nach Aufnahme des objektiven Tatbefundes Überlegungen anstellen, um welches Geschehnis es sich im vorliegenden Fall handeln könnte: Jede der drei Todesmöglichkeiten – Fremdverschulden, Selbstmord oder Unglücksfall – musste sorgfältig gegeneinander abgewogen werden. Mögliche Schlussfolgerungen mussten aus der Leichenfundsituation sowie der Lage der Handtasche und der Schuhe gezogen werden.

Während die Leiche vom Fundort in die Pathologie eines Krankenhauses gebracht wurde, suchten zwei Kriminalbeamte die Wohnung der Toten auf. Hedwig Schönfeld hatte seit vier Jahren ein möbliertes Zimmer zur Untermiete bei einem Rentnerehepaar bewohnt. Nachdem sich die Beamten vorgestellt und nach Hedwig gefragt hatten, fing die Ehefrau zu weinen an und bat die Männer in ihr Wohnzimmer. Dort gab sie von sich aus unter Tränen im Beisein ihres Ehemannes die folgende Schilderung:

„Die Hedwig wohnt seit vier Jahren bei uns; das Verhältnis zwischen uns ist sehr gut. Sie nennt uns Vater und Mutter. Gleich nach ihrem Einzug wurde uns klar, dass wir es mit einem armen, alleinstehenden Menschen zu tun hatten. Deshalb waren wir auch stets bemüht, sie in unsere Wohngemeinschaft voll aufzunehmen. Sie war uns gegenüber stets bereitwillig und zuvorkommend und hat niemals außergewöhnliche Ansprüche gestellt. Sie war bis jetzt für jede ihr erwiesene Gefälligkeit dankbar. Ihre Mutter befindet sich seit zwei Jahren wegen geistiger Umnachtung in einer Anstalt; mit ihrem Stiefvater hat sie seit Jahren keinen Kontakt mehr. Sie ist Arbeiterin in einer Maschinenfabrik. Uns ist auch bekannt, dass Hedwig bei ihrem Meister im Werk und bei ihren anderen Vorgesetzten einen sehr guten Ruf genießt. Im April oder Mai 1960 ist Hedwig von ihrer Firma zu einer Kur in ein Bad geschickt worden. Während dieser Zeit hat sie sich mit einem Mädel angefreundet, welches in einem Dorf im Landkreis Hannover wohnt. Nach ihrer Rückkehr aus dem Kuraufenthalt hat sie sich mit dieser Freundin wöchentlich mehrmals abends getroffen, wie sie uns erzählt hat. Gemeinsam mit dieser Freundin hat sie auch Herrenbekanntschaften gemacht. Sie hat aber niemals Herrenbesuch in unserer Wohnung empfangen. Seit einigen Wochen klagte Hedwig über Rücken- und Unterleibsschmerzen. Gestern Morgen bat sie mich in ihr Zimmer, wo sie noch im Bett lag. Sie sagte weinend zu mir etwa folgendes: ‚Mutti, ich muss beichten. Ich bin in anderen Umständen!‘ Ich war völlig überrascht und stellte gleich die Frage: ‚Welcher Mann ist es denn gewesen?‘ Sie sagte darauf: ‚Es ist ein junger Mann, angeblich 24 Jahre alt, der mit einer anderen verlobt ist.‘ Weiterhin schilderte mir Hedwig, dass sie diesem Mann schon alles berichtet habe. Er soll daraufhin zu ihr gesagt haben: ‚Was machst du denn, wenn ich mich in die Ostzone absetze?‘ Ihre Antwort soll gelautet haben: ‚Das kannst du ruhig tun, bezahlen musst du doch, das Kind kriege ich schon allein groß.‘ Hedwig sagte mir auch noch, dass sie jetzt im vierten Monat schwanger sei und bereits einen Arzt aufgesucht habe, von dem sie auch eine Bescheinigung über ihre Schwangerschaft erhalten habe. Außerdem hat mir Hedwig gestern erzählt, dass ihr Freund sie tags zuvor an einer Eisenbahnbrücke in der Nähe von Bornum beinahe umgebracht hätte. Aber in letzter Sekunde habe er sich wohl besonnen und davon Abstand genommen. Trotz allem sei sie dann wieder in seinen Wagen gestiegen, der Mann habe sie auch nach Hause gefahren. Gestern hat Hedwig um die Mittagszeit unsere Wohnung verlassen, um zur Arbeit zu gehen. Sie hat sich wie immer von uns mit den Worten verabschiedet ‚Auf Wiedersehen, ihr beiden', ist aber bis jetzt nicht in ihr Zimmer zurückgekehrt. Mein Mann wollte schon zur Polizei gehen und sie vermisst melden."

Die Beamten glaubten, nicht richtig gehört zu haben. Welcher Täter „erprobt" einen Mord bis kurz vor Vollendung und begeht ihn dann tatsächlich zwei Tage später an demselben Opfer, demselben Tatort und in der gleichen zeitlichen Reihenfolge seines Vorgehens?

Dem Rentnerehepaar wurde nun von den beiden Kripobeamten eröffnet, was geschehen war. In Hedwig Schönfelds Zimmer zeigte die Vermieterin den Beamten zwei rußgeschwärzte Perlonstrümpfe, die sichergestellt wurden. Bei der Nachschau der persönlichen Gegenstände der Getöteten wurde auch die genaue Adresse der Freundin gefunden. Daraufhin wurde zunächst diese Freundin in ihrer Wohnung aufgesucht. Durch sie konnte Hedwig Schönfelds Bekannter – Erich Siewert, wohnhaft im Nachbardorf Vörie – festgestellt werden. Die Beamten erfuhren, dass Siewert einen roten Volkswagen besitzt. Die Freundin konnte die Adresse von Siewerts Verlobter angeben, bei der er auch tatsächlich angetroffen wurde. Zusammen mit dieser war er damit beschäftigt, dort den Garten umzugraben. Er wurde vorläufig festgenommen. Während der Fahrt zum Polizeirevier gab Siewert auf entsprechende Fragen zu seinem

Alibi für die tatkritische Zeit zu, am Vorabend mit Hedwig Schönfeld zusammen gewesen zu sein, und legte bereits ein Teilgeständnis ab. In Hannover wurde er dann direkt zum Tatort gefahren.

Über Funk war auch ein Beamter der Mordkommission dorthin bestellt worden, der weder am Vormittag bei der Aufnahme des Tatbestandes zugegen noch bis zu diesem Zeitpunkt von einem Kollegen über den Geschehensablauf in Kenntnis gesetzt worden war. Dieser Beamte nahm nun gegen 16 Uhr mit dem Beschuldigten eine Tatrekonstruktion vor. Anhand einer am Ort gefertigten Handskizze beschrieb Siewert relativ unbefangen das Tatgeschehen.

Bei der gerichtlichen Leichenöffnung wurden deutliche Würgemale am Hals des Opfers nachgewiesen; eindeutige Zeichen für Erstickungsblutungen waren jedoch nicht festzustellen. Bei der inneren Untersuchung wurden Verletzungen der Rippen, des Herzens und der Leber festgestellt. Außerdem wurde durch eine feingewebliche Untersuchung eine Fettembolie in der Lunge nachgewiesen, wie sie nach Knochenbrüchen und schweren Erschütterungen des ganzen Körpers eintritt. Nach Auswertung des Obduktionsbefunds kamen die Sachverständigen zu dem folgenden Ergebnis: Der Tod der Frau trat erst durch den Sturz von der Eisenbahnbrücke aus ca. sieben Metern auf den harten Gleiskörper ein. Durch das vorausgegangene Würgen des Beschuldigten war Hedwig Schönfeld bereits bewusstlos.

Die Zertrümmerung des linken Beines im weiteren Bereich des Kniegelenkes musste nach dem eingetretenen Tod erfolgt sein, da bei der Obduktion eine vitale Reaktion fehlte. Weiterhin führte die Obduktion zu der Feststellung einer Schwangerschaft im vierten bis fünften Monat.

Erich Siewert war von vornherein bei der Kripo und beim Haft- und Untersuchungsrichter in vollem Umfang geständig. Auch in der Hauptverhandlung vor dem Schwurgericht blieb er in Übereinstimmung mit seiner früheren Darstellung.

Demnach hatte er Hedwig Schönfeld im Sommer 1960 durch deren Freundin, die ihm schon vorher bekannt war, kennengelernt. Sie erfuhr am gleichen Abend von ihm, dass er verlobt war. In der Folgezeit hatte er Hedwig hin und wieder in Hannover getroffen, ohne dass es zwischen ihm und ihr zu näheren persönlichen Beziehungen gekommen war. Am Abend des Neujahrstages 1961 hatte Siewert seine Verlobte mit seinem VW nach Hause gebracht. Als er auf der Heimfahrt in einem Nachbardorf noch eine Gaststätte aufsuchte, traf er Hedwig dort zufällig wieder. Beide tanzten miteinander und fuhren dann kurz nach Mitternacht in seinem Wagen weg. Unterwegs hielten sie auf einem Feldweg. Nach vorausgegangenen Zärtlichkeiten kam es zwischen beiden erstmals zum Geschlechtsverkehr auf dem Hintersitz. Anschließend brachte Siewert Hedwig zu deren Freundin und verabschiedete sich von ihr, ohne eine erneute Verabredung zu treffen.

Erst Ende Februar 1961 trafen sie sich zufällig auf der Straße in Hannover wieder, als Hedwig von ihrer Arbeitsstelle nach Hause ging und Siewert seine Verlobte abholen wollte, die gleichfalls in Hannover arbeitete. Sie verabredeten sich für den gleichen Abend. Bei diesem Treffen eröffnete sie ihm, dass sie von ihm ein Kind erwarte. Siewert äußerte zunächst Zweifel daran mit dem Hinweis, dass er bei dem Verkehr am Neujahrstag ein Verhütungsmittel benutzt habe. Als die Frau ihm daraufhin erklärte, dass nur er der Kindsvater sein könne, weil sie bisher mit keinem anderen Mann intim zusammen gewesen sei, erklärte er sich schließlich bereit, die Kosten für eine

Schwangerschaftsunterbrechung mitzutragen. Diese wurde von ihr angeregt. Er war auch bereit, sie zu heiraten und mit seiner Verlobten über die Auflösung des Verlöbnisses zu sprechen. An diesem Abend suchten sie gemeinsam ein Kino auf und schliefen danach im Auto erneut miteinander.

Etwa 14 Tage später teilte Hedwig Schönfeld Erich Siewert brieflich mit, dass es für einen Abbruch der Schwangerschaft schon zu spät sei. Des Weiteren fragte sie an, ob er bereits mit seiner Verlobten gesprochen habe. Dieser Brief wurde von der Mutter in Empfang genommen und geöffnet. Sie riet ihrem Sohn daraufhin, mit Rücksicht auf das zu erwartende Kind Hedwig Schönfeld zu heiraten. Hiermit fand er sich nunmehr auch ab. Vorher hatte er zwei ärztlichen Attesten entnommen, dass Hedwig tatsächlich schwanger war. In den nächsten Wochen erfolgte nochmals ein gemeinsamer Kinobesuch, bei welchem er ihr versprach, sie zu heiraten. Er sagte ihr auch zu, deswegen mit seiner Verlobten zu sprechen. In Wirklichkeit hatte er aber nicht den Mut dazu. Nach diesem Kinobesuch sah er Hedwig noch einige Male, jeweils aber nur für kurze Zeit, wenn sie von ihrer Arbeitsstelle kam.

Zum nächsten längeren Zusammensein trafen sich beide am Mittwochabend, dem 19. April 1961. Siewert holte seine Bekannte verabredungsgemäß mit seinem Wagen gegen halb neun Uhr abends nach ihrer Spätschicht von ihrer Wohnung ab. Sie fuhren ein Stückchen aus der Stadt hinaus in die Nähe der Eisenbahnbrücke am Bornumer Holz. Siewert hatte bisher noch nicht mit seiner Verlobten, mit der er nach wie vor nach Hannover zur Arbeit und zurück fuhr, über die Aufhebung des Verlöbnisses gesprochen.

Das Gespräch unterwegs im Wagen ging um das zu erwartende Kind. Hedwig machte ihm Vorwürfe, dass er noch nicht mit seiner Verlobten gesprochen habe und soll ihn einen Feigling genannt haben. Er bat sie, ihm noch etwas Zeit zu lassen: Er würde bestimmt mit ihr reden. Hedwig Schönfeld soll darauf erwidert haben, wegen der vielen Schwierigkeiten und des Ärgers würden sie es doch nicht schaffen, zu heiraten. Sie sollten sich beide besser das Leben nehmen. Das Beste wäre, sie würden sich vor einen Zug werfen. Im Bornumer Holz verließen sie deshalb den Wagen, um in dem Wäldchen spazieren zu gehen. Sie setzten sich auf eine Bank und hatten Sex miteinander. Auf dieser Bank hielt er ihr dann einmal für längere Zeit „aus Blödsinn" die Nase zu und kommentierte lakonisch: „Ich will nur mal sehen, wie lange du das aushältst."

Während des Spazierganges war ihm angeblich zum ersten Mal der Gedanke gekommen, dass er sich ihrer entledigen könnte, indem er sie von der Eisenbahnbrücke vor einen Zug warf. Hierbei stellte er die Überlegung an, dass dadurch der Eindruck erweckt werden würde, Hedwig Schönfeld habe sich in selbstmörderischer Absicht vor den Zug geworfen. Mit diesen Gedanken ging Siewert nunmehr mit der Frau auf die Eisenbahnbrücke. Dort blieben sie eine ganze Weile am Geländer stehen und sahen zu, wie mehrere Züge unter ihnen durchfuhren. Hedwig Schönfeld stand mit dem Rücken zum Geländer, Erich Siewert vor ihr. Dann geschah die grausige Tat: Als sich wieder ein Zug aus Richtung Hannover näherte, ergriff er sie plötzlich mit dem linken Arm um den Rücken und mit dem rechten unter den Kniekehlen und warf sie mit den Beinen zuerst über das Geländer. Sie konnte sich aber noch mit beiden Händen fest an das Brückengeländer klammern. Außerdem gelang es ihr, mit ihren Füßen an der Außenkante der Brücke Halt zu finden. Dabei schrie sie aus Leibeskräften um Hilfe. Der Zug fuhr bereits unter der Brücke hindurch. Siewert bemerkte später zur Tat: „Ich konnte ihr Schreien nicht hören und habe sie wieder rüber auf den Gehweg gezogen.“ Er bat Hedwig Schönfeld um Verzeihung, weil er die Nerven verloren habe. Er brachte sie in seinem Wagen zu ihrer Wohnung zurück und das nächste Wiedersehen wurde für den übernächsten Tag verabredet. Er würde sie wieder um die gleiche Zeit abends nach ihrer Spätschicht an der Wohnung abholen.

Am Freitagabend holte Siewert die junge Frau tatsächlich wieder zur verabredeten Zeit mit seinem VW ab. Zu diesem Zeitpunkt will er noch nicht entschlossen gewesen sein, sie aus dem Weg zu schaffen. Ohne festes Ziel wollten sie zunächst irgendwo hinfahren, um ein Glas Bier zu trinken. Während der Fahrt machte sie ihm erneut Vorwürfe, als er ihr auf die entsprechenden Fragen erklärte, er habe noch immer nicht mit seiner Verlobten gesprochen. Das gab wohl den Ausschlag und er fasste den endgültigen Entschluss, sie von der Eisenbahnbrücke hinunterzustoßen. Aus diesem Grund fuhr er seinen Wagen wieder an den ersten Haltepunkt am Bornumer Holz, stellte den Motor ab und schaltete die Wagenbeleuchtung aus. Hedwig Schönfeld setzte sich nach hinten in den Wagen, schaltete das Kofferradiogerät ein und forderte Siewert auf, doch nicht so schüchtern zu sein und sich ebenfalls zu ihr nach hinten zu setzen. Es könne doch jetzt nichts mehr passieren. Siewert setzte sich zu ihr auf den Rücksitz. Beide tauschten Zärtlichkeiten aus und schliefen anschließend erneut miteinander.

Danach setzten sie sich wieder nach vorn. Er legte seinen rechten Arm um ihre Schulter, da brachte sie erneut die Unterhaltung auf Schwangerschaft und Heirat. Er erklärte ihr, sie solle ihn in Ruhe lassen, gleichzeitig fasste er sie plötzlich mit beiden Händen um den Hals und drückte zu. Er würgte sie so längere Zeit mit aller Kraft, bis sie kein Lebenszeichen mehr von sich gab. Danach drehte er das Halstuch, das um ihren Hals hing, mit beiden Händen fest um ihren Hals. Inzwischen war ihr Körper auf dem Sitz nach vorn gerutscht, blieb aber mit dem Rücken noch auf dem Polster. Der Kopf lag oben auf der Rücklehne. Siewert schaltete das Abblendlicht seines Wagens ein und fuhr langsam zur Eisenbahnbrücke, von wo er die Tote auf die Schienen werfen wollte, um einen Selbstmord vorzutäuschen. Er hielt zunächst rechts auf der Brücke an. Im Wagen beugte er sich von seinem Sitz nach rechts über ihren Körper und sah durch das Fenster. Jetzt erschien ihm aber der Spalt von diesem Brückengeländer bis zu dem Geländer des parallel laufenden Nebenbahngleises zu schmal, um den Körper hindurchwerfen zu können. Aus diesem Grund fuhr er etwa 200 Meter auf der Straße über die Brücke hinaus, wendete, fuhr zurück und hielt jetzt auf der entgegengesetzten Seite der Brücke – genau an der Stelle, an der er sie zwei Tage zuvor hinabzustürzen versucht hatte.

Siewert stellte den Motor nicht ab und ließ das Abblendlicht brennen. Er stieg links aus und ging hinten um seinen Wagen herum. Nachdem er die rechte Wagentür geöffnet hatte, fasste er mit seinem linken Arm unter den Rücken der Frau und hob mit dem rechten Arm ihre Beine an. Zunächst zog er den Kopf aus dem Wagen. Bis zum Brückengeländer schleiften die Beine über das Straßenpflaster. Beim Herausheben hatte er bemerkt, dass der Körper unten nass war; seine rechte Hand war feucht geworden. Ohne dass Hedwig Schönfeld noch ein Lebenszeichen von sich gegeben hatte, setzte er sie auf das Geländer und stieß sie kopfüber auf die unter der Brücke verlaufenden Schienen.

Als Siewert zum Auto zurückgegangen war, sah er auf dem Rücksitz die Handtasche liegen. In diesem Augenblick fiel ihm ein, dass er von seiner Geliebten noch 30 DM zu bekommen hatte, die er ihr einmal geliehen hatte. Aus diesem Grund öffnete er den Reißverschluss der Handtasche und sah nach, ob sich Geld darin befand. In einer Brieftasche fand er mehrere Geldscheine und entnahm ihr einen Zwanzig- und einen Zehnmarkschein. Als er den Reißverschluss der Handtasche wieder geschlossen hatte, sah er vor dem Vordersitz auf der Fußmatte die beiden Schuhe der Frau liegen.

Hierbei stellte er weiter fest, dass die Fußmatte nass war. Die Schuhe nahm er nun auch aus dem Wagen und warf beides, mit der rechten Hand die Handtasche und mit der linken die Schuhe, über das Brückengeländer auf die Bahnschienen. Hierauf fuhr er seelenruhig nach Hause.

Trotz wiederholter Vorhalte blieb Siewert dabei, die Handtasche und die Schuhe über das Brückengeländer nach unten geworfen zu haben. Die Darstellung erschien unwahrscheinlich, weil die Handtasche und die Schuhe stehend auf dem Bahnschotter vorgefunden worden waren.

Auch der weitere Einwand, dass es nahe gelegen hätte, von der Brücke noch mal hinunterzugehen, um den Körper der Frau so zu legen, dass er auch wirklich von einem Zug überfahren werden konnte, wurde von ihm entschieden zurückgewiesen.

Am anderen Morgen nahm Siewert zuerst die nasse Fußmatte aus dem Wagen, wusch sie an einer Pumpe und legte sie dann auf eine Holzmiete zum Trocknen. Dann trank er Kaffee, holte anschließend mit seinem Wagen seine Verlobte aus dem Nachbardorf ab und fuhr sie zur Fahrschulstunde nach Hannover. Nach der Rückfahrt aß er bei den Eltern seiner

Verlobten zu Mittag und ging dann mit seiner Verlobten zum Garten.

Was war Erich Siewert für ein Mensch? Als jüngster Sohn von insgesamt drei Kindern 1937 in Pommern geboren, kam er 1945 mit der Mutter und den Geschwistern nach Thüringen, wohin die Familie geflüchtet war. Zu dieser Zeit war sein Vater noch Soldat, er kam später aus der Kriegsgefangenschaft nach Vörie bei Hannover, wo er wieder als landwirtschaftlicher Arbeiter tätig war. Seit 1949 lebten alle wieder zusammen.

Erich Siewert hat an drei verschiedenen Orten die Volksschule besucht. 1952 wurde er aus der 6. Klasse entlassen, nachdem er zweimal nicht versetzt worden war. In den nächsten drei Jahren arbeitete er in der Landwirtschaft und besuchte während dieser Zeit auch die landwirtschaftliche Berufsschule in Hannover. Weil er nicht genug verdiente, gab er im September 1955 seine Arbeit in der Landwirtschaft auf und arbeitete bis zu seiner Festnahme als Hilfsschlosser im Akkord in einer hannoverschen Maschinenfabrik.

1957 lernte er seine spätere Verlobte kennen, die in Hannover als Schneiderin tätig war. Weihnachten 1959 fand die öffentliche Verlobung statt.

Dem Schwurgericht beim Landgericht Hannover oblag es, am 27. September 1961 das Urteil in der Mordsache Schönfeld zu fällen. Es lautete unter anderem: „Der Angeklagte wird als Mörder zu lebenslangem Zuchthaus verurteilt. Die bürgerlichen Ehrenrechte werden ihm auf Lebenszeit aberkannt ...“

Damit hatte der unglaublich rohe „Mord nach Erprobung“ seine gerechte Sühne gefunden.

3.

„Ein Raubmörder und sein Lockvogel“

Der Fall Gerhard Popp/Inge Marchlowitz (1956–1957)

Die Details und Hintergründe der nachstehend geschilderten Verbrechen wurden Wochen und Monate vor der Hauptverhandlung von Sensationszeitungen lang und breit publiziert. Dabei hatte fast ausschließlich Inge Marchlowitz, die zur Zeit der Taten erst 16 Jahre alt gewesen war, im Mittelpunkt der Berichterstattung gestanden. Drei Tendenzen hatten sich deutlich abgezeichnet: Entweder wurde Inge Marchlowitz als das arme, verführte, 16-jährige Mädchen dargestellt, das unmöglich gemordet haben konnte oder aber sie wurde als kaltblütige Mörderin angeprangert, deren Haltung ein bezeichnendes Licht auf die gegenwärtige Jugend werfen mochte. Gelegentlich wurde sie aber auch als jugendliche Kokotte geschildert, die dem Geliebten die Opfer gnadenlos vor die Revolvermündung trieb.

Tatsächlich leistete die 16-Jährige dem 36 Jahre alten Berufsverbrecher Gerhard Popp bei der Ausführung von Morden und anderen Verbrechen wesentliche Hilfestellung. Diese Tatsache mag auf den ersten Blick unfassbar erscheinen, wird aber verständlich, wenn man das Elternhaus von Inge Marchlowitz, ihre Kindheit und das Heranwachsen an Gerhard Popp berücksichtigt.

Was hatte sich konkret zugetragen? In einem Zeitraum von knapp vier Monaten waren in Hannover bzw. in der unmittelbaren Umgebung der niedersächsischen Landeshauptstadt drei schwere Verbrechen ausgeführt worden, die die Bevölkerung begreiflicherweise in große Unruhe versetzt hatten.

Am 21. September 1956 schoss ein maskierter Täter auf den Leiter der Konsum-Filiale, Karl Wichmann, und dessen Ehefrau in deren Wohnung in Misburg bei Hannover. Beide erlitten erhebliche Verletzungen. Aus dem Tatablauf waren keine Anhaltspunkte für ein bestimmtes Tatmotiv zu entnehmen. Zwischen den verfolgten Spurenhinweisen auf Verdächtige und der Tat konnten keine Beziehungen festgestellt werden. Bis auf ein operativ entferntes Tatgeschoss wurden deshalb alle Spuren als „erledigt“ abgelegt.

Am 20. Dezember 1956 wurde dann – 17 Kilometer westlich von Hannover – die Leiche des Kaufmanns Heinrich Bick aus dem Mittellandkanal gezogen. Die Situation am Leichenfundort und der Zustand der Leiche rechtfertigten die Annahme, dass Bick ermordet worden war. Er hatte am 19. Dezember 1956 in Gronau, 32 Kilometer südlich von Hannover, an einer Tagung teilgenommen. Gegen 21.30 Uhr des gleichen Tages war er aufgebrochen und hatte den Ort mit seinem Kraftfahrzeug in unbekannte Richtung und mit unbekanntem Ziel verlassen. Am 23. Dezember 1956 fand ein Förster in einer Fichtenschonung, 27 Kilometer nordwestlich von Hannover, den abgestellten Wagen des Ermordeten. Bis zu diesem Zeitpunkt hatte es den Anschein gehabt, als stünde die Tat mit der weiteren Umgebung von Hannover in Beziehung. Es hatte daher nahegelegen, den Täter dort zu suchen.

Diese Annahme wurde fragwürdig, nachdem in dem Tatfahrzeug unter anderem ein Notizbüchlein Bicks, das viele Hinweise auf dessen Damenbekanntschaften enthielt, gefunden worden war. Die Kontakte waren alle in Hannover geknüpft worden. Die weiteren Ermittlungen konzentrierten sich deshalb fortan verstärkt auf diese Stadt. In der Folge wurden seltsame Verbindungen und Kontakte des ermordeten Kaufmanns festgestellt. Es ergab sich jedoch – bis auf eine Spur aus diesem Milieu – kein wahrscheinlich erscheinender Zusammenhang mit der Tat. Die mit besonderem Nachdruck verfolgte Spur erwies sich schon bald als falsch.

Nach dem Befund des ersten Angriffs mussten die Täter eine ausgeprägte kriminelle Neigung besitzen, weshalb die Möglichkeit der Wiederholung gegeben war. Aus diesem Grund wurde die ausgesetzte Belohnung auf 10.000 DM erhöht.

Die Ermittlungen der Sonderkommission „Bick“ liefen gerade auf Hochtouren, als am 17. Januar 1957 29 Kilometer nordostwärts von Hannover ein verlassener Opel Rekord mit dem Kennzeichen RS-D 536 aufgefunden wurde. Die in dem Kraftfahrzeug vorgefundenen Blutspuren und Partikel von menschlichem Gehirn ließen den Zusammenhang mit einem Verbrechen vermuten. Frappierend ähnlich waren die Gesamtumstände des Wagenfundes mit der Situation am Fundort des Bick'schen Wagens. Als Eigentümer des Opel Rekord wurde der Reisevertreter Heinz Engels festgestellt, den man in den späten Abendstunden des 15. Januar 1957 zuletzt in einem Café im Zentrum von Hannover gesehen hatte. Von diesem Zeitpunkt an fehlte jede Spur von dem Mann.

Am 29. Januar 1957 fand ein Kraftfahrer im Müllinger Wald, zwölf Kilometer südöstlich von Hannover, Engels' Wagenpapiere. Ein Abschnitt des in der Nähe gelegenen Mittellandkanals wurde mit Booten der Wasserschutzpolizei abgesucht, doch nichts dabei sichergestellt. Etwa sieben Monate später entdeckte ein Imker Engels' skelettierte Leiche auf unwegsamer Heide – 29 Kilometer nördlich von Hannover. Der Mann war zweifelsfrei erschossen worden. Jetzt war ein Tatzusammenhang mit der Mordsache Bick deutlich erkennbar.

Aus Anlass des Leichenfundes wurden die Morde an dem Kaufmann Bick und dem Reisevertreter Engels erneut publiziert. Unter den daraufhin eingehenden Mitteilungen befand sich auch ein Hinweis auf den damals 37 Jahre alten Berufsverbrecher Gerhard Popp, der am 26. April 1957 als flüchtiger Strafgefangener festgenommen worden, war sowie auf dessen Geliebte Inge Marchlowitz. Die Mitteilung enthielt jedoch für eine tatsächliche Täterschaft der beiden keine verwertbaren Anhaltspunkte. Durch erste Ermittlungen fand man heraus, dass Popp die Leichen- und Wagenfundorte von früheren Straftaten her sehr gut kennen musste. Diese und andere Tatsachen gaben der Spur eine besondere Bedeutung. Die Vorermittlungen konnten ohne Hast und in aller Stille geführt werden, da Popp noch etwa zehn Monate Strafhaft zu verbüßen hatte. Kriminalpolizeiliche Vernehmungen lehnte Popp brüsk ab.

Popp kannte Inge Marchlowitz aus deren Elternhaus. Er hatte sie als 16-jähriges Mädchen kennengelernt, als er noch Nacht für Nacht mit ihrem Vater Eisenbahnzüge ausgeraubt hatte. Zwischen Popp und der Mutter von Inge Marchlowitz war es zu einem Verhältnis gekommen. 1956 löste Popp diese Beziehung und wandte sich Inge Marchlowitz zu. Bei Aufnahme der Ermittlungen war das Mädchen von Popp im siebten Monat schwanger. Als der erste Kontakt mit ihr aufgenommen wurde, stellte sie ihr Verhältnis zu Popp als reines Liebesverhältnis dar. Über den Unterschlupf ihres Verlobten und dessen Verbindungen zu Einbruchskomplizen machte sie zunächst falsche Angaben.

Im Jahr 1953 hatte Popp den Kaufmann Ewald Melzer im Strafgefängnis Hannover kennengelernt. Noch im gleichen Jahr brach er aus und suchte Melzer nach dessen Entlassung in Hannover auf, wobei dieser ihm Unterschlupf gewährte. Nachdem Popp 1955 erneut festgenommen worden war, gelang es ihm ein zweites Mal zu fliehen, wobei ihn wiederum Melzer verborgen hielt. Von Mai 1956 bis April 1957 war Popp für Melzer dann tagsüber eine Arbeitskraft, die so gut wie gar nicht entlohnt zu werden brauchte. Ende September 1957 deutete Melzer einem Einbruchskomplizen Popps gegenüber an, dass dieser und Inge Marchlowitz mit der Ermordung von Bick und Engels etwas zu tun hätten. Diese Mitteilung kam der Polizei zu Ohren. Gleichzeitig hatte Melzer über einen Rechtsanwalt mit der Staatsanwaltschaft in der gleichen Sache Verbindung aufgenommen.

Nach Abschluss der Vorermittlungen wurde die Beschaffung von Beweismaterial eingeleitet. Es wurde unter anderem die Waffe, mit der der Raubmordversuch an den Eheleuten Wichmann ausgeführt worden war, gefunden. Inge Marchlowitz wurde am 3. März 1958 festgenommen. Sie hatte sich anlässlich der Vorbereitung eines Selbstmordes damit gebrüstet, die beiden Morde begangen zu haben. Zehn Tage nach der Festnahme legte sie ein Geständnis ab.

Popp leugnete die Taten anfangs weiterhin. Nachdem er jedoch anlässlich der Gegenüberstellung mit seiner Geliebten an deren Haltung erkannte, dass er sie fortan nicht mehr würde beeinflussen können, legte er ein umfangreiches Geständnis ab. Er gab dabei unter anderem zu, Bick und Engels getötet und die Eheleute Wichmann angeschossen zu haben.

Nun ging es an die sorgfältige Rekonstruktion der Verbrechen. Demnach hatte Popp im Herbst 1956 ausgekundschaftet, dass Wichmann, der Leiter einer Konsum-Filiale in Misburg, nach Feierabend das Geschäft stets mit einer Kassette verließ und damit in seine Wohnung ging. Popp vermutete richtig, dass sich in der Kassette Geld befand. Er plante daher einen Raubüberfall auf den Mann und weihte Inge ein, die damit einverstanden war.

Die beiden radelten am 21. September 1956 zu dem Haus der Wichmanns und hielten ein Stück weit entfernt. Im Schutz der Nacht tarnten sie ihr Äußeres unter Gesichtsmasken. Um nicht als Frau identifiziert werden zu können, verbarg Inge ihr langes Haar unter einer Skimütze. Männerhosen und dunkle Mäntel komplettierten die Verkleidung. Das mit einem klein- und einem großkalibrigen Revolver bewaffnete Diebespaar näherte sich der Haustür, die Popp gekonnt entriegeln konnte. Im Inneren blieb dies nicht unbemerkt, sodass Frau Wichmann ihren Mann bat, dem verdächtigen Geräusch nachzugehen. Beim Öffnen der Küchentür begegnete er dem Einbrecher Popp. Während er die Tür vergeblich zu schließen versuchte, schrie seine Gemahlin vor Schreck laut auf. Popp befahl „Ruhe oder ich schieße!“, ohne dass das Geschrei der Frau verstummte. Voller Wut richtete er daraufhin seine Pistole auf Herrn Wichmann und drückte einmal ab. Auf dessen Ehefrau schoss er gleich zweimal. Die Täter verloren aufgrund der außer Kontrolle geratenen Situation die Nerven und flohen, ohne nach der Geldkassette zu suchen. Auf dem Weg zum nahen Mittellandkanal hatten sie rasch die Masken abgenommen. Nachdem sie sich am Kanal umgezogen hatten, kam nun auch Inges langes Haar wieder zum Vorschein. So spazierten die beiden bald darauf als gewöhnliches Liebespaar durch eine Polizeisperre. Da die Beamten nach zwei jungen männlichen Tätern suchten, ließ man sie ungehindert passieren.

Herr Wichmann wurde bei dem Angriff nahe der Wirbelsäule getroffen, seine Frau im linken Brustkorb und an der linken Schulter verletzt. Beide überlebten die Schüsse, die Popp mit der kleinkalibrigen Waffe abgefeuert hatte. Er hatte absichtlich nicht zu dem großkalibrigen 9-mm-Revolver gegriffen, der zweifelsohne sehr viel größeren Schaden angerichtet hätte.

Nachdem mehrere geplante Verbrechen daneben gingen, hatte Popp eine neue Idee: Inge sollte als Lockvogel dienen und sich zu willigen Männern in den Wagen setzen und zu einem vorher festgelegten Ort fahren. Dort sollte sie die Freier unter vorgehaltener Waffe zur Herausgabe ihrer Besitztümer bewegen. Popp würde sich an besagtem Ort versteckt halten und ihr zur Not Hilfe leisten. Da Inge Marchlowitz der Plan zu riskant erschien, erklärte sich Popp schließlich dazu bereit, selbst mitzufahren und sich um die Erpressung zu kümmern – und zwar als Frau verkleidet. Im Friseurgeschäft Melzer erwarb der Mann zu diesem Zweck eine Perücke. Auch Inge ließ sich bei demselben Friseur äußerlich verwandeln und trug statt der bisher glatten Haare nun eine auffällige Lockenfrisur.

Am 19. Dezember 1956 warteten Popp und Marchlowitz an einem der bekannten Orte nahe Gronaus, an dem Freier für gewöhnlich nach Prostituierten suchten. Schon nach kurzer Zeit hielt der Kaufmann Heinrich Bick und zeigte sichtliches Interesse an Inge. Die junge Frau erklärte ihm, sie würde seine Einladung auf einen Kaffee gern annehmen, wenn er ihre „Freundin“ zuvor nach Hause fahren könnte. Bick willigte ein und der etwas entfernt wartende, als Frau verkleidete Popp stieg vorn in den grauen Volkswagen. Damit dessen Kostümierung nicht auffiel, verwickelte Inge den Fahrer in ein Gespräch. Als die drei in Krähenwinkel angekommen waren, bedrohte Popp den Fahrer mit der Pistole: „Keine Bewegung oder ich schieße!" Zu seinem Unglück machte Bick Anstalten, die Waffe mit der Hand abzuwehren, was Popp mit vier schnellen Schüssen quittierte. Einen letzten Schuss gab er auf den bereits auf das Lenkrad gesunkenen Kopf von Heinrich Bick ab.

Die Leiche verbargen die beiden im hinteren Teil des Wageninneren unter einer Decke. Dann fuhren sie zu ihrem nahe gelegenen Versteck, wo sie die Leiche untersuchten. Bicks Portemonnaie enthielt 200 DM, die das Paar an sich nahm. Seinen Ehering, die goldenen Manschettenknöpfe und seine Uhr ließen die beiden bewusst zurück, um zu verhindern, dass die Tat als Raubmord eingestuft würde. Stattdessen wollten sie das Verbrechen wie eine Eifersuchtstat aussehen lassen, indem sie mehrere Fotos von Bicks mutmaßlicher Frau zerrissen. Die Geldbörse des Kaufmanns enthielt überdies noch Bilder von anderen Damen, die die beiden Kriminellen unberührt ließen, um dem Eifersuchtsmotiv weitere Glaubwürdigkeit zu verleihen.

Den Leichnam band Popp an das zuvor zerschnittene Reserverad und stieß ihn in den Mittellandkanal. Es stellte sich jedoch heraus, dass der Körper nicht genug beschwert worden war und folglich nicht unterging. Bereits am nächsten Tag wurde der Tote deshalb auf dem Kanal treibend gesehen. Der Wagen, den die beiden in einem dichten Fichtenwald abgestellt hatten, blieb immerhin vier Tage lang unbemerkt, bis ihn ein Oberförster am 23. Dezember 1956 entdeckte.

Die nun einsetzenden polizeilichen Nachforschungen ergaben, dass Heinrich Bick nicht ganz so unbescholten war, wie ein erster Blick vermuten ließ. So kam nach kurzer Zeit heraus, dass der Kaufmann regelmäßig in Bordellen verkehrte und dort offenbar insbesondere den intimen Kontakt mit sehr jungen Mädchen suchte. Trotz der insgesamt 955 Hinweise, die in Bezug auf den Mordfall eingingen, konnten die Täter zunächst nicht gefunden werden.

Wenige Wochen nach Bicks Ermordung wollte es Popp noch einmal versuchen, worauf sich Inge nur nach einigem Zögern einließ. Die junge Frau half dabei, Popps Aussehen noch glaubwürdiger zu machen, indem sie dessen Augenbrauen und Lippen schminkte. Sie selbst griff diesmal zu einer Perücke. Am 15. Januar begaben sie sich kostümiert in die Innenstadt von Hannover. Tags zuvor hatten sie bereits herausgefunden, dass sich eine junge Dame hier leicht von einem Mann ansprechen lassen konnte, ohne in negativer Weise aufzufallen. In einem Café gewann Inge rasch die Aufmerksamkeit des Vertreters Heinz Engels, der sie laut einem späteren Zeugen in eindeutiger Weise zu beobachten schien. Engels folgte Inge nach draußen und bat sie um ein Rendezvous. Wieder knüpfte Inge eine solche Verabredung an die Bedingung, dass man zuvor „ihre Freundin“ nach Hause bringen müsse. Engels war einverstanden und die drei fuhren wie mit ihrem letzten Opfer Richtung Krähenwinkel.

Als sie ihr Ziel erreicht hatten, zog der verkleidete Popp sofort seinen Revolver aus der Tasche seines Mantels und richtete ihn wortlos auf den Kopf von Engels, der bis zu diesem Moment in ein Gespräch mit Inge vertieft gewesen war. Engels musste gespürt haben, dass Popp schießen würde und duckte sich instinktiv in dem Moment, als dieser die Waffe abfeuerte. Um sicherzugehen, drückte Popp in direkter Folge ein zweites Mal ab. Die Bewegung Engels' ließ keinen Zweifel daran aufkommen, dass er dieses Mal einen Treffer gelandet hatte.

Popp und Marchlowitz verließen sofort den Wagen, als sich auf der Straße bereits ein Licht näherte. Es stammte von einem Fahrradfahrer, der rasch herankam. Inge wechselte schnell die Straßenseite und pfiff eine Melodie vor sich hin, um die Aufmerksamkeit des Mannes auf sich zu ziehen und ihn von dem Wagen mit dem Toten darin abzulenken.

Als Popp den Wagenschlag wieder öffnen wollte, riss er den Griff ab, weil sich die Tür automatisch verriegelt hatte. Dann ging er auf die gegenüberliegende Seite. Auch die Deckenleuchte, die aufflammte, als er den Wagen öffnete, sprang heraus. Um den Kopf des Toten legte der Mörder eine Regenhaut, um zu verhindern, dass die Polster ebenso sehr verschmutzten wie die in Bicks Fahrzeug. Mit einem Hanfbindfaden, den er eigens zu diesem Zweck mitgebracht hatte, befestigte er den Regenschutz am Kopf des Toten. Da sie nicht sicher waren, ob der Radfahrer tatsächlich keinen Verdacht geschöpft hatte, schoben sie den Toten beiseite. Popp setzte sich seitwärts an das Steuer und fuhr den Wagen um den Bahndamm herum in freies, übersichtliches Gelände. Hier zerrte er die Leiche aus dem Wagen heraus und legte sie in den Kofferraum. Die Taschen der Bekleidung entleerte er. Die Geldbörse nahm er an sich.

Mit Sträuchern fegten sie die Sicherheitsglassplitter, die auf den Weg gefallen waren, provisorisch in den Graben. Die in der Dunkelheit nicht wahrgenommenen Reste sammelten sie in den nächsten Tagen säuberlich auf. Den Mantel des Toten breitete Popp auf dem Beifahrersitz aus, damit Inge Marchlowitz auf dieser Fahrt neben ihm sitzen konnte. Nachdem die Leiche im Kofferraum untergebracht war, fuhren sie zu Popps Unterschlupf, wo er sich umkleidete.

Die Leiche verbargen Marchlowitz und Popp in einem abgeschiedenen Wald- und Heidegebiet im Norden Hannovers. Popp hatte die Gegend wegen des dichten Bewuchses ausgewählt. Auf der Rückfahrt verlor er im nun einsetzenden starken Schneetreiben jedoch die Orientierung. Statt das Auto wie geplant in Celle abzustellen, endete die Irrfahrt in einem weiten Wassergraben, den Popp zu durchqueren versucht hatte. Wasser begann in den Wagen einzudringen und das Gangsterpaar musste über den Kühler klettern, um sich aus dem Auto zu befreien. Das Gefährt wurde zwei Tage nach der Ermordung Engels' gefunden. Popp und Marchlowitz waren zu diesem Zeitpunkt schon über alle Berge. Ihre Beute belief sich auf Bargeld in Höhe von 400 DM.

Am 29. Januar 1957 fand ein Landarbeiter im Bokemer Holz bei Müllingen den Führerschein des Vertreters. Die Fahrerlaubnis hatte sehr auffällig am Rande der durch das Gehölz führenden Kreisstraße gelegen. Das Gelände wurde systematisch abgesucht. Dabei wurden weitere Papiere Engels' parallel zum Fahrbahnrand gefunden; einige von ihnen waren zerrissen und klebten in kleinen Stößen aufeinander. Es hatte den Anschein, als seien sie so abgelegt worden, damit sie auch wirklich gefunden werden konnten. Ganz in der Nähe des Fundortes führte der Mittellandkanal vorbei. Trotz der Vermutung, dass die Papiere absichtlich an dieser Stelle abgelegt worden waren, musste der Kanal abgesucht werden – denn Bick war ja in den Mittellandkanal geworfen worden. Doch die Suche der Wasserschutzpolizei verlief ohne Erfolg.

Sieben Monate später – am 5. September 1957 – fand ein Imker auf weg- und stegloser Heide eine skelettierte Leiche. Sie lag unter Kiefernreisig und Heidekraut versteckt. Der Rumpf des Toten war mit einem Rock abgedeckt. Die Leiche war mit Unterwäsche, Socken, Schuhen, Strickjacke, Oberhemd, Krawatte und Anzughose bekleidet. Die Taschenbeutel ragten aus der Bekleidung heraus. Auf der Leiche lagen ein Wollschal und ein gefaltetes Taschentuch. In der Kopfschwarte befanden sich zwei zwei Millimeter starke Schnüre von 14 und 20 Zentimetern Länge. Am Handgelenk hing eine Herrenarmbanduhr. In den Ärmeln des Oberhemdes steckten goldgefasste Perlmutt-Manschettenknöpfe. In unmittelbarer Nähe der Leiche lagen unzählige Sicherheitsglassplitter. In dem angrenzenden Unterholz wurde eine Plastikkappe für die Deckenleuchte eines Autos gefunden. Außer den beiden Schnüren gehörten die aufgezählten Gegenstände dem Vertreter Heinz Engels …

Als die polizeilichen Ermittlungen wegen der an Bick und Engels verübten Morde im Februar 1957 immer noch auf vollen Touren liefen, wurde Popp in seinem Versteck nervös. Er befürchtete, dass nach entflohenen Strafgefangenen besonders intensiv gefahndet werden würde und entschloss sich deshalb, einen weiteren Mord in der benachbart gelegenen Großstadt Braunschweig auszuführen – gewissermaßen zur Ablenkung. Die Tat sollte unter ähnlichen Umständen begangen werden wie die Morde an Bick und Engels. Popp hoffte, dass dadurch die Ermittlungen in Hannover und in der Umgebung eingestellt und nach Braunschweig verlagert werden würden.

Wieder sollte sich Inge von einem Freier ansprechen lassen und dann zu einem verabredeten Treffpunkt kommen, wo Popp den Mann erschießen wollte. Aber dieser Mord scheiterte an den Skrupeln, die Inge in der letzten Minute überkamen. In Braunschweig wollte sich ein junger Kaufmann von Inge nicht abweisen lassen. Inge hatte zu diesem Zeitpunkt jedoch schon nicht mehr die Absicht, nach Popps Weisungen zu handeln. Nur mit Mühe gelang es ihr schließlich, den jungen Mann fortzuschicken.

Im Februar und März des Jahres 1957 plante Popp, einen Fuhrunternehmer auszurauben. Inge sollte den älteren Herrn verführen. Popp wollte sich als Vater der jungen Frau ausgegeben und die beiden in flagranti erwischen. Er würde hiernach eine Aussprache mit dem Fuhrmann in dessen Wohnung fordern, ihn dort an Ort und Stelle ermorden und um Geld und Wertsachen erleichtern. Die Tat wollte er wie einen Gasunfall aussehen lassen.

Inge hatte bereits die Bekanntschaft mit dem älteren Opfer hergestellt und alles schien nach Plan zu verlaufen, als Popp vom Zufall überführt wurde: Ein Polizist erkannte den Mann als gesuchten Ausbrecher und verhaftete ihn sofort. So konnte das letzte Verbrechen des Gerhard Popp noch rechtzeitig vereitelt werden.

Nach seiner Festnahme gab Popp gegenüber den Beamten der Kriminalpolizei zu Protokoll, dass er Inges Beteiligung an den Verbrechen als überaus nützlich ansah. Durch eine weibliche Täterin könne man den Tatablauf sehr gut verschleiern und so die Aufklärungsarbeit wesentlich erschweren. Auch genoss es Popp, dass er so seine Machtposition ausleben konnte. Seine junge Verlobte sollte lernen, dass er jederzeit alle möglichen Dinge von ihr verlangen konnte.

Welche Vorgeschichte hatte Gerhard Popp? Am 10. Oktober 1920 in Pützerlin/Pommern geboren, besuchte er in seinem Geburtsort die Landschule. Nach Verlassen der achten Klasse absolvierte er im gleichen Ort eine Schlosserlehre. Nach seiner Gesellenprüfung zog er nach Stralsund, wo er in der Schlosserei des Reichsbahnausbesserungswerkes tätig war. 1939 leistete er die Reichsarbeitsdienstpflicht ab, danach wurde er zur Luftwaffe eingezogen. Die Reichsbahn reklamierte ihn kurz nach Ausbruch des Krieges. Er war während des Krieges Reservelokführer in Stargard. 1945 kam er noch für ein halbes

Jahr zur Wehrmacht. Nach dem Zusammenbruch war er bei der Reichsbahn in Letter bei Hannover als Heizer tätig. Diese Arbeit gab er 1946 auf. Für kurze Zeit arbeitete er nebenberuflich als Polsterer. Seit 1947 hatte er keine feste Arbeit mehr gehabt. Er ist nie wieder beim Arbeitsamt registriert gewesen.

In Letter befand sich kurz nach dem Krieg ein Verladebahnhof für amerikanische Truppen. Von hier aus wurden wertvolle Güter in alle Himmelsrichtungen transportiert. Zu dieser Zeit war das Anspringen langsam fahrender Züge in Mode. Die Verplombung der Güterwagen wurde mit einer Drahtschere aufgeschnitten und von dem Transportgut wurden die für mitnehmenswert befundenen Waren aus dem Zug geworfen. Längs der Gleise lauerten an bestimmten Stellen Tatgenossen auf die abgeworfenen Gegenstände. In und um Letter waren mehrere Banden am Werk. Einer solchen Bande gehörten auch Gerhard Popp und der Vater von Inge Marchlowitz an. Popp war mit 26 Jahren einer der Jüngsten und Tatkräftigsten, sodass er bald eine führende Rolle in der Bande einnahm. Er kannte sich im Zugverkehr gut aus. Es fiel ihm und seinen Komplizen nicht schwer, festzustellen, welche Waren mit den einzelnen Zügen transportiert werden sollten. Popp verteilte die Rollen in der Bande. Er bestimmte den Zeitpunkt und den Ort des Anspringens und war selbst immer dort, wo es am gefährlichsten schien. Im Laufe der Zeit flog eine Bande nach der anderen auf. Popp hielt sich mit seinen Tatgefährten bis November 1949, ohne ertappt zu werden. Dann wurde er wegen Besitzes von alliiertem Eigentum festgenommen. Im Laufe der Ermittlungen konnten ihm mehrere Diebstähle aus fahrenden Zügen nachgewiesen werden. Er wurde vom einfachen britischen Militärgericht zu einem Jahr Gefängnis verurteilt. Was Popp nach seiner Entlassung aus dem Gefängnis bis November 1951 machte, ist nicht bekannt geworden.

Um diese Zeit begann er dann, den Diebstahl von Hochspannungskabeln zu organisieren. Am 16. Januar 1952 festgenommen, gab er zu, in zwölf Fällen Freileitungskabel mit einem Metallwert von etwa 45.000 DM entwendet zu haben. Das Landgericht Hannover verurteilte ihn wegen dieser Taten zu drei Jahren Gefängnis. Als strafverschärfend war die besondere verbrecherische Intensität, mit der Popp seine Taten geplant und durchgeführt hatte, berücksichtigt worden. Popp blieb in Haft. Anfang 1953 wurde dann der Kaufmann Melzer in seine Zelle verlegt und von da an begann mit einer Serie gezielter Einbruchsdiebstähle jene verhängnisvolle Entwicklung, die schließlich bis hin zu den entsetzlichen Raubmorden führte.

Inge Marchlowitz wurde am 29. August 1940 in Hannover geboren. Ihr Vater war wegen schweren Diebstahls, Körperverletzung, Unterschlagung, Hehlerei und anderen Delikten vorbestraft. Er verbüßte zwischen 1948 und 1958 insgesamt vier Jahre und sechs Monate im Gefängnis. Die Mutter war wegen Hehlerei vorbestraft. Nur der 1939 geborene Bruder hatte keine Vorstrafen. Die frühesten Kindheitserinnerungen der Inge Marchlowitz waren mit strafbaren Handlungen angefüllt, die sie und ihr Bruder im Elternhaus wahrnahmen. Zwischen dem Vater und der Mutter kam es immer häufiger zu ernsten Auseinandersetzungen. Die Eltern prügelten sich in Gegenwart der Kinder. Als Inge vier Jahre alt war, trennten sich die Eltern und wurden geschieden. Die Kinder blieben anfangs bei der Mutter, dann kamen sie in einen Kindergarten. Von dort holte der Vater sie mehrfach ab. Dadurch kamen sich die Eltern wieder näher und heirateten erneut. Doch auch jetzt setzten sich ihre Auseinandersetzungen fort. Die Polizei wurde wegen der täglichen Zwischenfälle zu Hilfe gerufen. Als der Vater eines Tages festgenommen wurde, sagte die Mutter den Kindern, dass er lediglich verreist sei. Auf der Straße hörten sie dann aber von anderen, dass ihr Vater sich in Wirklichkeit im Gefängnis befand.

Mit fünfeinhalb Jahren kam Inge zur Schule, die sie aufgrund des häufigen Umzugs der Eltern fünfmal wechselte. In den untersten Klassen hatte sie gute Zeugnisse, später fand sie nicht mehr die nötige Unterstützung und ihre Leistungen ließen nach. Ostern 1954 ging sie von der Schule ab, besuchte aber noch ein Jahr lang eine Berufsschule.

Am 6. Mai 1955 begann sie eine kaufmännischen Lehre, die jedoch vonseiten des Lehrherrn gelöst wurde, weil Inge dauernd zu spät gekommen sei und sich meist frech, anmaßend und herausfordernd benommen habe. Stellen als Hausgehilfin, Küchenmädchen und Botin folgten. Auch sie waren jeweils nur von kurzer Dauer. Gerhard Popp kannte Inge seit ihrer frühesten Kindheit. Mit Popps Sohn, der nur ein Jahr älter war als sie, spielte sie und besuchte mit ihm die Schule, da er ein Jahr später als üblich eingeschult worden war.

Nachdem Popp Ende 1950 aus dem Gefängnis entlassen worden war, hielt er sich häufig im Elternhaus von Inge Marchlowitz auf. Er erzählte den Kindern von seinen Straftaten und Einzelheiten aus dem Gefängnisleben. Inge war ihm stets eine wissbegierige Zuhörerin. Schon um diese Zeit bastelte Popp an seinen Revolvern herum und schoss mit kleinkalibrigen Waffen in der Wohnung auf markierte Ziele. Während Frau Marchlowitz die Hände über dem Kopf zusammenschlagend das Zimmer verließ, blieb Inge zurück und durfte die Waffen in die Hand nehmen. Wo sie nur konnte, versuchte sie, Popp ihren Mut zu demonstrieren. Er wiederum unterrichtete sie im Ausbaldowern von Gelegenheiten und übte mit ihr, wie man sich bei Polizeiverhören zu verhalten habe, um nicht überführt zu werden. Schließlich wurde sie seine Geliebte, nachdem Popp die intime Beziehung, die er mit ihrer Mutter unterhalten hatte, gelöst hatte. Inge hatte schließlich nur noch den einen Wunsch: eine „Gangsterbraut“ zu sein.

Die spektakuläre Mordserie erregte ein gewaltiges Medieninteresse. Die Bevölkerung gierte nach immer neuen Fakten. Noch während der Ermittlungsarbeiten, die sich an die Verhaftung anschlossen, war es zu Geständnissen gekommen. Im Prozess vor dem Hannoveraner Landgericht am 29. Januar 1959 wurden Popp und Marchlowitz so, wenig überraschend, schuldig gesprochen. Während Inge wegen Beihilfe zum Mord in Tateinheit mit besonders schwerem Raub zu sieben Jahren Jugendstrafe verurteilt wurde, erhielt der Anstifter Popp eine wesentlich härtere Strafe: Ihm wurde zweifacher Mord in Tateinheit mit besonders schwerem Raub vorgeworfen. Hinzu kam versuchter Mord in Tateinheit mit besonders schwerem Raub. Popp erhielt eine lebenslange Freiheitsstrafe. Zusätzlich wurden ihm die bürgerlichen Ehrenrechte auf Lebenszeit entzogen. Auch Ewald Melzer, der das Paar bei seinen verbrecherischen Taten unterstützt hatte, erhielt eine Haftstrafe von vier Jahren und sechs Monaten Gefängnis. Dem Kaufmann warf das Gericht eigennützige Begünstigung in zwei Fällen vor.

In der TV-Serie „Stahlnetz“ (Folge 16) verarbeitete Regisseur Jürgen Roland diesen Kriminalfall unter dem Titel „Spur 211“.

4.

„Die Schwarze Witwe von Bodenfelde“

Der Fall Lydia L./Siegmund Sch. (1994–2000)

Am 27. August 2007 suchte der damals 53-jährige Siegmund Sch. („Siggi“ genannt) den einzigen Wachtmeister von Bodenfelde im südlichen Niedersachsen auf, um „sein Gewissen zu erleichtern“. Im Verlauf seiner Aussage gestand er dabei vier Morde, die er in den Jahren zwischen 1994 und 2000 begangen haben wollte - und zwar im Auftrag einer gewissen Lydia L., einer 68-jährigen ehemaligen Prostituierten, die es in allen Fällen auf das Vermögen ihrer Liebhaber abgesehen hatte.

Die Polizei hatte zwar wiederholt gegen diese Frau ermittelt, weil mehrfach Männer gestorben waren, nachdem sie eine Beziehung mit ihr eingegangen waren, doch die Ermittlungen waren stets im Sande verlaufen. Als nun aber Siegmund Sch. seine Lebensgeschichte schilderte, reichte das für eine Festnahme und Anklage der beiden ungleichen Menschen.

Fakten und Indizien genügten auch für einen Prozess. Es war ein höchst gegensätzliches Paar, das da auf der Anklagebank im Göttinger Landgericht Platz nehmen musste: Die 68-jährige Frau hatte lange blondierte Locken und trug einen Rock und eine Bluse in dezentem Rot; über ihrer Brust prangte ein goldenes Kreuz an einer langen Halskette. Sie wirkte sicher und gelassen und verfolgte konzentriert alle Ausführungen ihres Mitangeklagten; gelegentlich besprach sie sich mit ihrem

Anwalt. Der 53-jährige Siegmund Sch. mit seinen kurzen blonden Haaren, den Jeans und dem schwarzen T-Shirt machte dagegen einen äußerst angespannten Eindruck. Anfangs zitterte er heftig, presste die Lippen zusammen, rang mit seinen Händen und sprach mit heiserer Stimme. Das Paar würdigte sich keines Blickes mehr …

Vier Mordfälle konnten vor Gericht zweifelsfrei nachgewiesen werden. Das waren im Einzelnen: der 74-jährige Günter Schwenke, der im Juni 1994 erdrosselt worden war; Adolf Berge und Paul Gräf, die im September 1994 und im April 1995 jeweils mit einem Kissen erstickt worden waren sowie Gerhard Gauger im Juli 2000.

Als sich Schwenke, dem plötzlich seine unerklärliche Müdigkeit aufgefallen war, ärztlich untersuchen lassen wollte, soll Lydia L. zu Siegmund Sch. kurzerhand gesagt haben: „Der muss weg!“ Er habe nachgefragt: „Wie denn?“ Die Frau habe geantwortet: „Ganz weg.“ So hatte er den betäubten Rentner in einem Wohnmobil mit einer Plastiktüte erstickt, während die Frau den Wagen gelenkt hatte. Auf einem Parkplatz an der Autobahn A 7 übergoss Siegmund Sch. die Leiche dann mit Benzin und verbrannte sie.

Den 84-jährigen Adolf Berge aus Melsungen, den die Frau erst im April 1994 geheiratet hatte, ließ sie knapp drei Monate nach dem Mord an Schwenke beseitigen, weil er sich wieder scheiden lassen wollte. Sie mischte ihm eine hohe Dosis Beruhigungsmittel in eine Erbsensuppe; Siegmund Sch. musste den daraufhin Eingeschlafenen ins Bett tragen und dann mit einem Kissen ersticken. Anschließend vernichtete die Frau das Testament des Opfers.

Der Hausarzt attestierte eine natürliche Todesursache und Lydia L. bezog bis zum Dezember 2007 eine Witwenrente in Höhe von 550 Euro pro Monat. Außerdem erbte sie unter anderem das Haus des Ermordeten, das der willfährige Helfer Sch. zweimal anzündete, um der Erbin zur Auszahlung von Versicherungssummen zu verhelfen.

Den dritten Mord an dem 81-jährigen Paul Gräf verübte das Paar im April 1995. Die verbrannte Leiche des Mannes wurde noch im gleichen Monat in Thüringen aufgefunden. Der letzte Mord an Gerhard Gauger erfolgte dann im Juli 2000 in Springe bei Hannover. Das 71-jährige Opfer wurde damals auf seinem eigenen Grundstück vergraben.

Wie Siegmund Sch. versicherte, habe er keinerlei Belohnung für seine Mithilfe erhalten – auch nicht sexueller Natur. Er habe stets nur aus Freundschaft gehandelt. „Damals muss mich wirklich der Teufel geritten haben", erklärte er abschließend. „Aber ich war schon immer das schwarze Schaf in meiner Familie." Als Kind war er von der Volksschule geflogen, weil er ständig geschwänzt hatte, hatte dann eine Sonderschule besucht und war mit zwölf Jahren abgegangen. Er musste in verschiedene Heime zur Betreuung und schlug sich später als Hilfsarbeiter durchs Leben.

Bei Uslar in Solling hatte er schließlich die 15 Jahre ältere Frau kennengelernt, die damals ebenfalls reichlich Erfahrung im Verlassen und Verlassenwerden gesammelt hatte. Als Kriegsflüchtling aus dem oberschlesischen Orzesche hatte sie 1961 zum ersten Mal geheiratet. Bereits drei Jahre danach erfolgte die erste Scheidung. 1971 heiratete sie zum zweiten Mal. Ein paar Jahre lang führte sie ein gutbürgerliches Leben, indem sie als Altenpflegerin im nordrhein-westfälischen Scherfede arbeitete. Dann aber zog das Paar nach Celle und später nach Uslar, um dort jeweils ein Bordell zu betreiben – die „Rubin-Bar". Zwei Wohnwagen gehörten zu diesem Geschäft – in einem der beiden bot Lydia L. sich später selbst an.

1985 scheiterte auch diese Ehe. Im Gefängnis kommentierte sie später, dass ihr Mann ihr gegenüber oft gewalttätig geworden sei. Dadurch habe sie eine starke Abneigung gegen junge Männer entwickelt. Fortan verlegte sie sich nur noch auf Kontakte zu älteren Herren – „denn die hatten Geld“.

Kurz nach ihrer Begegnung war Siegmund Sch. zu ihr auf ihr Anwesen in Bodenfelde gezogen und hatte sich dann auf die entsetzlichen Morde eingelassen, die seiner Aussage nach stets nach ähnlichem Muster abgelaufen waren: Die Opfer waren zunächst „mit grünen oder weißen Tabletten“ ruhig gestellt und dann erstickt worden. Dann wickelten sie die Toten in Teppichreste ein, übergossen sie mit Benzin und zündeten sie an.

„Wenn sie einen Opa hatte, ließ sie ihn nicht mehr laufen“, sagte Siegmund Sch.

Das erste Opfer soll im Jahr 1983 zunächst ein gewisser Ludwig Geller, ein 82-jähriger aus Biebertal gewesen sein, der nur knapp ein Vierteljahr nach seinem Testament im Krankenhaus verstorben war. Der Greis hatte ihr insgesamt elf Grundstücke hinterlassen …

Die Familie Gellers war aufgrund von dessen raschem gesundheitlichen Verfall argwöhnisch geworden. Das kurz darauf eingeleitete Verfahren wurde jedoch ohne Ergebnis beendet.

Dann folgten Wilhelm S., ein Maurermeister aus dem Sauerland, Paul Passon und Alois M., die auf ähnliche Weise schnell nach der Bekanntschaft mit ihr „ablebten“.

Die Kinder von Wilhelm S. hatten den schlimmen Verdacht, dass Lydia L. ihren Vater langsam vergiftet habe. Sie stellten Strafanzeige und argumentierten, dass sich die Frau bewusst an den 77-Jährigen herangemacht habe. Über eine Anzeige habe sie den Kontakt zu Wilhelm S. hergestellt, um ihn dann im Verlauf mehrerer Treffen um den Finger zu wickeln. So sei sie etwa äußerst aufreizend gekleidet durch seinen Garten gelaufen. Den liebestrunkenen älteren Herrn habe die Witwe dann geschickt um sein Erspartes gebracht. Er schenkte ihr mehrere kostspielige Reisen sowie einen Mercedes, für dessen Unterhalt er aufkam. Von den Geldgeschenken konnte Lydia L. im Jahr 1988 das Anwesen in Bodenfelde erwerben, in dem sie bis zu ihrer Festnahme lebte: ein Vorderhaus und ein Hinterhaus an der Dammstraße. Hier wohnten dann auch die meisten Männer, die sie später mit Annoncen köderte, die immer gleich lauteten: „Sie, 61, Witwe, sucht älteren pflegebedürftigen Herrn zwecks Altenpflege."

Als das Verfahren 2009 seinen Abschluss fand, verurteilte das Landgericht Göttingen die „Schwarze Witwe von Bodenfelde" zu lebenslanger Haft, die sie derzeit in der Justizvollzugsanstalt Vechta verbüßt. Eine Revision wurde verworfen.

Siegmund Sch., ihr Mittäter, wurde zu zwölf Jahren Haft verurteilt, die er in der JVA Rosdorf bei Göttingen verbüßt.

5.

„Der Waldmensch“

Der Fall Bruno Fabeyer (1966)

Der am 4. Juni 1926 in Osnabrück geborene Bruno Fabeyer verlor im Alter von drei Jahren, nachdem er in kochendes Wasser gefallen war, kurzfristig das Sprechvermögen. Obwohl er es etwa ein halbes Jahr später wiedererwarb, musste er fortan sein ganzes Leben lang stottern. Nachdem der Junge eingeschult worden war, ließen sich seine Eltern scheiden. Der im Gefängnis einsitzende Vater, der schon mehrfach mit dem Gesetz in Konflikt geraten war, erhängte sich bald darauf in seiner Zelle und so landete Bruno zunächst in einem Erziehungsheim.

1941 – Bruno war inzwischen 15 Jahre alt – begann er eine Lehre als Schlachter. Im gleichen Jahr wurde sein Bruder Fritz hingerichtet, weil er Fahnenflucht begangen hatte. Als drei Jahre später auch Bruno desertierte, brachte man ihn ins KZ Buchenwald, aus dem er bei Kriegsende 1945 wieder befreit wurde.

In seiner Jugend war er ein ausgezeichneter Torhüter gewesen: Die Spieler vom VfL Osnabrück zeigten sich von seinem sicheren Instinkt, seinen blitzschnellen Reaktionen und seiner katzenartigen Gewandtheit begeistert. Mehr als zwanzig Jahre lang war es dann verhältnismäßig ruhig um Bruno Fabeyer, obwohl er irgendwann in den 1950er-Jahren auf die schiefe Bahn geraten war und damit begonnen hatte, Einbrüche zu verüben. Insgesamt dürften es mehr als 200 gewesen sein …

Fabeyer gelang es im August des Jahres 1965, aus dem Gefängnis zu fliehen und im Teutoburger Wald unterzutauchen. Der Flüchtige hielt sich mit gelegentlichen Einbrüchen über Wasser. Der 29. Dezember 1965 leitete die entscheidende Wende in seinem Leben ein, weil er an diesem Tag erstmals eine Schusswaffe gebrauchte. Als er den Postbeamten Alois Broxtermann niederschoss, wurde ganz Niedersachsen von Angst und Panik erfasst. Das Opfer hatte allerdings Glück und überlebte.

Am 24. Februar 1966 wurde aus dem notorischen Einbrecher dann tatsächlich ein Mörder. In der Gaststätte Heermann in Hunteburg-Meyerhöfen hatte ein Mann ein Kotelett mit Bier bestellt und aß seine Mahlzeit. Kurz darauf betrat der Bahnbedienstete Herbert Schubert den Raum, wonach ihm die Wirtin flüsternd mitteilte, dass der bei ihr speisende Gast vermutlich der gesuchte Bruno Fabeyer sei. Schubert, der zu der gleichen Überzeugung gelangte, gab einem weiteren Gast zu verstehen, er möge die Wirtschaft mit ihm verlassen, um sich mit ihm über das weitere Vorgehen zu beraten. Dann suchte Schubert den 46-jährigen Polizeiobermeister Brüggemann auf.

Als die Männer wieder zurück ins Gasthaus kamen, hatte Bruno Fabeyer bereits das Weite gesucht. Sie erfuhren jedoch, dass ihm ein Fahrzeug der Freiwilligen Feuerwehr unter Einsatz von Blaulicht hinterhergefahren war. Fabeyer radelte ruhig, das Auto der beiden Beamten überholte ihn und Brüggemann forderte den Flüchtigen auf, anzuhalten.

Fabeyer sprang von seinem Fahrrad, ließ sein Gefährt zurück und floh zu einer Weide. Er hoffte, auf dem weitläufigen Grundstück des Bauern Busse ein geeignetes Versteck zu finden. Während Schubert in Schrittgeschwindigkeit neben der dunklen Weide weiterfuhr, verließ Polizeiobermeister Brüggemann den Wagen und nahm die Verfolgung zu Fuß auf. Als der Polizist dem Flüchtigen bedrohlich nahe gekommen war, richtete dieser plötzlich den Lauf seiner 6,35-mm-Pistole auf ihn und erschoss den Polizisten. Die inzwischen herbeigeeilten Helfer aus dem Feuerwehrfahrzeug schafften es nicht mehr, den Polizeiobermeister ins nächste Krankenhaus nach Ostercappeln zu bringen, denn schon kurz nach dem Passieren der Ortschaft Bohmte erlag der Ordnungshüter seinen schweren Verletzungen. Am Tatort waren das Fahrrad und der Mantel des Mörders zurückgeblieben.

Nun lief eine Großfahndung an. In den Folgetagen wurde Fabeyer mehrmals gesehen, doch gelang es ihm stets, im letzten Moment zu entkommen.

Auch am Samstag, dem 26. Februar 1966, ereignete sich eine solche Szene. Dabei kam es im Kreis Vechta zu einem Schusswechsel mit Fabeyer, allerdings entwischte der Mörder den Fahndern erneut. Und so ging es zunächst auch weiter: Der Flüchtige entging seinen Verfolgern immer wieder. Das Besondere an Bruno Fabeyer war, dass er sich in der Natur des Osnabrücker Umlandes bestens auskannte. Seine guten Ortskenntnisse hatte er kurz nach Kriegsende als Hamsterer und Schwarzmarkthändler erworben: Um Razzien zu entgehen, nutzte er vor allem Schleichwege durch Wälder und Moore. Was die Polizei zunächst nur von ihm fand, waren zahlreiche Waldlager, weshalb ihm die Medien schon bald den Beinamen „Der Waldmensch“ verpassten. Die Lager waren recht komfortabel ausgestattete, geschickt angelegte Verstecke, in denen Süßigkeiten, Fischkonservendosen und Likörflaschen von Fabeyers bevorzugten Lebensmitteln erzählten und in deren Nähe er mit seiner Waffe auf leere Flaschen schoss.

In leeren Schuppen, Schafställen und nicht mehr genutzten Scheunen, häufig auch unter freiem Himmel, verbrachte er die Nächte. „Unter den Tannen war es immer ganz schön warm", sagte er bei späteren Befragungen einmal. Am liebsten war Fabeyer mit gestohlenen Damenfahrrädern unterwegs, denn im Entdeckungsfall konnte er immer schnell absteigen und in einem Gehölz verschwinden. Auch zu Fuß wähnte er sich im Vorteil: Fabeyer soll 100 Meter in knapp 11,8 Sekunden zurückgelegt haben. Bei Unternehmungen außerhalb des Osnabrücker Landes fuhr er auch mit der Eisenbahn.

An der groß angelegten Fahndung war eine erhebliche Anzahl an Bereitschaftspolizisten aus Braunschweig und Hannover beteiligt. Von den Jugendherbergen Melle und Bad Essen aus, die den Beamten als behelfsmäßige Basis dienten, durchsuchten Hundertschaften das weite Umland. Die örtliche Kriminal- und Schutzpolizei unterstützte die Suche, die sich auf all jene Gebiete erstreckte, in denen Fabeyer von Zeugen gesehen oder vermutet wurde. Bereitschaftszüge der Feuerwehren, Suchhunde und mit der Gegend vertraute Jäger schlossen sich der Menschenjagd an.

Die Suchmannschaften erhielten sogar Unterstützung aus der Luft: Heeresflieger aus Rheine-Bentlage beteiligten sich mit Alouette-Hubschraubern. Hinzu kamen Sikorsky-Hubschrauber aus Bückeburg, die die Kanalbrücken bei Kalkriese im Auge behielten. Selbst zivile Flieger aus dem Aero-Club Osnabrück konnten ihr Hobby zum Wohle der Allgemeinheit einsetzen. Mit einer Piper PA-12 und drei Cessnas 172 halfen sie bei der Suche nach dem „Waldmenschen".

Trotz der gewaltigen Anzahl an Polizeibeamten und Helfern konnte Fabeyer jedoch nicht aufgespürt werden.

Stattdessen sorgte eine Kassiererin für den entscheidenden Hinweis. In einem Kaufhaus in Kassel hatte die Frau den gesuchten Kriminellen erkannt und informierte sofort die Polizei, die Fabeyer in der Kaufhaustoilette beim Händewaschen erwischte. So klickten am 24. Februar 1967 endlich die Handschellen für den Polizistenmörder von Hunteburg. Exakt ein Jahr nach den tödlichen Schüssen auf Polizeiobermeister Heinrich Brüggemann endete damit seine Flucht.

Die Ermordung Brüggemanns hatte seinerzeit für große Anteilnahme in der Bevölkerung gesorgt. An der Trauerfeier, die am 28. Februar 1966 in Hunteberg abgehalten wurde, nahm eine große Zahl von Gästen teil – darunter Politiker, Polizeibeamte und Vertreter der Justiz. In der Abschiedsrede hieß es: „Heinrich Brüggemanns letzte Diensthandlung hebt ihn über uns alle hinaus. Er ging den Weg der Pflicht, ohne Rücksicht auf seine eigene Sicherheit." Nach der Totenmesse wurden Brüggemanns sterbliche Überreste in die Heimat seiner Witwe verbracht. In Bad Salzschlirf in Hessen fand der Polizeiobermeister seine letzte Ruhestätte.

In den anschließenden Verhören schilderte Fabeyer besonders gern Fahndungspannen, die häufig auf Unachtsamkeiten oder Fehler der Verfolger zurückzuführen gewesen seien. Genüsslich erinnerte er sich an eine Szene, die sich seiner Aussage nach in Süddeutschland abgespielt haben soll. Dort sei Fabeyer in wilder Flucht durch eine Dornenhecke hindurchgesprungen. Als die Hundertschaften der Polizei, die ihm sehr dicht auf den Fersen waren, das dornige Dickicht entdeckten, schlugen die Hunde an. Der Hundeführer hielt die Tiere jedoch für verrückt. Dass sich der „Waldmensch" nur kurz zuvor ohne Rücksicht auf Verluste durch eben jene dichte Wand aus Dornen hindurchgekämpft hatte, konnte er sich beim besten Willen nicht vorstellen.

Ein anderes Mal sei Fabeyer seinen Verfolgern in Belm-Wellingen entwischt, indem er sich in einer Scheune unter einer Ansammlung von Bohnenstangen versteckt hatte. Als die Beamten den Raum durchsuchten, machte ein Polizist seinen Kollegen auf den genannten Haufen aufmerksam. Sein Begleiter hatte jedoch keine Lust, sich an einem Sonntag die Dienstkleidung zu beschmutzen, und winkte ab. Fabeyer konnte später seelenruhig aus seinem Versteck hervorkriechen.

Der Prozess gegen Bruno Fabeyer fand im Jahr 1967 unter größtem medialen Interesse statt. Zahlreiche Pressevertreter drängten sich im Schwurgerichtssaal des Landgerichts Osnabrück. Mitarbeiter von Presseagenturen, Zeitung und Radio – sie alle wollten einen Blick auf den „Waldmenschen" werfen, der die Behörden so lange genarrt hatte.

Fabeyer wurde von dem Osnabrücker Anwalt Werner Hörnschemeyer verteidigt, der daraufhin rasch deutschlandweite Bekanntheit erlangte. Der Strafverteidiger war überzeugt davon, dass es sich bei seinem Mandanten um keinen kaltblütigen Mörder handelte. Dieser habe seine Taten nicht aus Mordlust verübt, sondern nur, um einer Verhaftung zu entgehen. Ähnlich einem in die Enge getriebenen Tier wurde er immer dann gefährlich, wenn er seine Freiheit um jeden Preis zu verteidigen suchte. Rückblickend betrachtete Hörnschemeyer den Fall des „Waldmenschen" als den wohl aufsehenerregendsten seiner Karriere. Im November 1967 verurteilte das Landgericht Bruno Fabeyer schließlich wegen eines versuchten Mordes und eines besonders schweren Falles von Totschlag zu lebenslangem Zuchthaus.

Im März 1983 nutzte der „Waldmensch“ einen Freigang aus der Justizvollzugsanstalt Celle zu einer erneuten Flucht, wurde allerdings schon nach wenigen Tagen von der Polizei auf dem Burggartenweg in Bramsche erneut festgenommen. Später behauptete er, dass er lediglich auf dem Weg zum Grab seiner Mutter gewesen sei.

Da er bei dieser Flucht keine weiteren Straftaten begangen hatte, wurde er ohne Prozess erneut in Verwahrung genommen, im Jahr 1992 allerdings dann freigelassen. Sein Lebensende verbrachte er in einem Altenheim in Bad Orb im Spessart, wo er im Alter von 72 Jahren an Herzversagen starb.

QUELLEN UND LITERATUR

(Auswahl)

BREMEN

1: „Der Engel von Bremen"

HUGO FRIEDLÄNDER: *„Das Ungeheuer von Bremen."* In: „Interessante Kriminalprozesse", Bd. 12. Berlin, 1913.

PEER METER: *„Gesche Gottfried. Eine Bremer Tragödie."* Bremen, 2010.

Bettina Szrama: *„Die Giftmischerin."* Meßkirch, 2009.

2: „Der Maskenmann"

KARIN TRUSCHEIT: *„Lebenslange Haft für Kindermörder Martin Ney."* In: „Frankfurter Allgemeine Zeitung" vom 27.2.2012.

„Fall Dennis: Tatverdächtiger gesteht Mordserie." In: „Focus online" vom 15.4.2011.

„Verurteilter Martin Ney: Neue Spur zum Maskenmann." In: „Weser-Kurier" vom 19.4.2018.

3: „Der Außenseiter"

DAVID HECKER: *„Gerichtsurteil: Höchststrafe für Kindermörder Hoffmann."* In: „Stern" vom 29.6.2005.

KAI KOPPE: *„Wir haben ihn."* In: „Die Welt" vom 10.12.2004.

„Mordprozess Marc Hoffmann: Das Geständnis lässt er verlesen." In: „Focus" vom 9.5.2005.

HAMBURG

1: „Raubmord in der Eisenbahn"

HORST BOSETZKY: *„Eingebunkert."* Messkirch, 2016.

HUGO FRIEDLÄNDER: *„Mord im D-Zug."* In: a.a.O., Bd. 1. Berlin, 1910.

PETER HIESS/CHRISTIAN LUNZER: *„Mord-Express. Die größten Verbrechen in der Eisenbahn."* Wien, 2000.

FRANK-RAINER SCHURICH: *„Zwischen Altona und Blankenese."* In: „Das Blättchen" vom 24.6.2013.

2: „Der Blaubart von Hamburg"

Prozessberichte in den Tageszeitungen *„TZ München" (12.11.1976, 14.11.1976 und 21.12.1976)* sowie dem Magazin *„Der Spiegel" (Nr. 47/1976 und 53/1976).*

3. „Der Heidemörder"

DENIS FENGLER: *„Heidemörder: Motiv Mordlust, Strafe lebenslang."* In: „Hamburger Abendblatt" vom 6.4.2013.

GISELA FRIEDRICHSEN: *„Schweinenett zu den Frauen."* In: „Der Spiegel" vom 12.4.1993.

4. „Der St.-Pauli-Killer"

DANUTA HARRICH-ZANDBERG: *„Der St.-Pauli-Killer."* In: Helfried Spitra (Hrsg.): „Die großen Kriminalfälle." Frankfurt, 2004.

DAGOBERT LINDLAU: *„Der Lohnkiller. Eine Figur aus dem organisierten Verbrechen."* München, 1994.

VIOLA ROGGENKAMP: *„Pinzners erdrückendes Erbe."* In: „Die Zeit" vom 11.3.1988.

5. „Der Säurefassmörder“

KLAUS LOHMANN: *„Kriminalreport: Der sadistische Säurefassmörder“*. In: SHZ vom 13.2.2012.

HEINRICH THIES: *„Hilferufe aus dem Folterkeller. Die Hamburger Säurefassmorde, eine Spurensuche.“* Springe, 2014.

„Hamburgs größte Mordfälle – Folge 2: ‚Der Sadist mit dem Säurefass.‘“ In: Hamburger Morgenpost vom 26.4.2009.

6. „Der sadistische Biedermann“

WOLFGANG KLIETZ/FLORIAN BÜH/ERHART JÄGER: *„Der Mörder aus der Nachbarschaft.“* In: Hamburger Abendblatt vom 9.4.2011.

RALF WIEGAND: *„Fünf Morde und was noch? Geständnisserie von Hans-Jürgen Schröder.“* In: Süddeutsche Zeitung (SZ) vom 20.6.2011.

NIEDERSACHSEN

1: „Der Schlächter von der Leine“

MATTHIAS BLAZEK: *„Haarmann und Grans. Der Fall, die Beteiligten, die Prozessberichterstattung.“* Stuttgart, 2009.

HANS HYAN: *„Massenmörder Haarmann. Kriminalistische Studie.“* Berlin, 1924.

FRIEDHELM WERREMEIER: *„Haarmann, der Schlächter von Hannover. Die grauenvollen Verbrechen des berüchtigten Serienmörders.“* München, 1995.

2: „Mord nach Erprobung“

HANS SCHIERMEYER: *„Mord – zwei Tage nach Erprobung.“* In: Zs. „Kriminalistik“. Hamburg, 1964.

3. „Ein Raubmörder und sein Lockvogel"

Jürgen Behr: *„Der Fall Popp und Inge Marchlowitz oder Der Lockvogel-Prozeß von Hannover."* In: „Der Sensationsprozeß." Hamburg, 1968.

Stefan Harbort: *„Das Hannibal-Syndrom. Phänomen Mord."* Leipzig, 2001.

Robert A. Stemmle: *„Jugendkriminalität. Der Fall Inge Marchlowitz und acht weitere Kriminalfälle."* Lausanne, 1967.

4. „Die Schwarze Witwe von Bodenfelde"

Zeitungsberichte im *„Göttinger Tagblatt"* 2007 bis 2009.

Jürgen Dahlkamp/Michael Fröhlingsdorf: *„Verbrechen: Die schwarze Witwe."* In: „Der Spiegel" Nr. 5 vom 28.1.2008.

„Lebenslange Haft für schwarze Witwe." In: FAZ vom 3.7.2008.

5. „Der Waldmensch"

Joachim Dierks: *„Fahndung nach dem Waldmenschen: So führte Bruno Fabeyer die Polizei an der Nase herum."* In: „Neue Osnabrücker Zeitung" vom 26.2.2016.

„Vor 40 Jahren zitterte eine ganze Region vor Mörder Fabeyer." In: „Neue Osnabrücker Zeitung" vom 26.2.2006.

Bitte beachten Sie auch die folgenden Buchhinweise.

Buchhinweise

Tino Wagner

Historische Kriminalfälle im **Landkreis Uelzen**

978-3-95400-281-8 | 19,99 €

Buchhinweise

Hanno Parmentier

Der Würger von Düsseldorf
Leben und Taten des Serienmörders Peter Kürten

978-3-95400-178-1 | 12,95 €

Buchhinweise

Udo Bürger

Die spektakulärsten **Kriminalfälle**
in **Hessen**
Von Würgengeln, Holzfrevlern und Kindsmördern

978-3-95400-689-2 | 16,99 €

Udo Bürger

Die spektakulärsten **Kriminalfälle**
in **Baden**
Von Giftmischern, Amokläufern und Auftragsmördern

978-3-95400-863-6 | 16,00 €